Peinture sur bois

Fleurs et textures

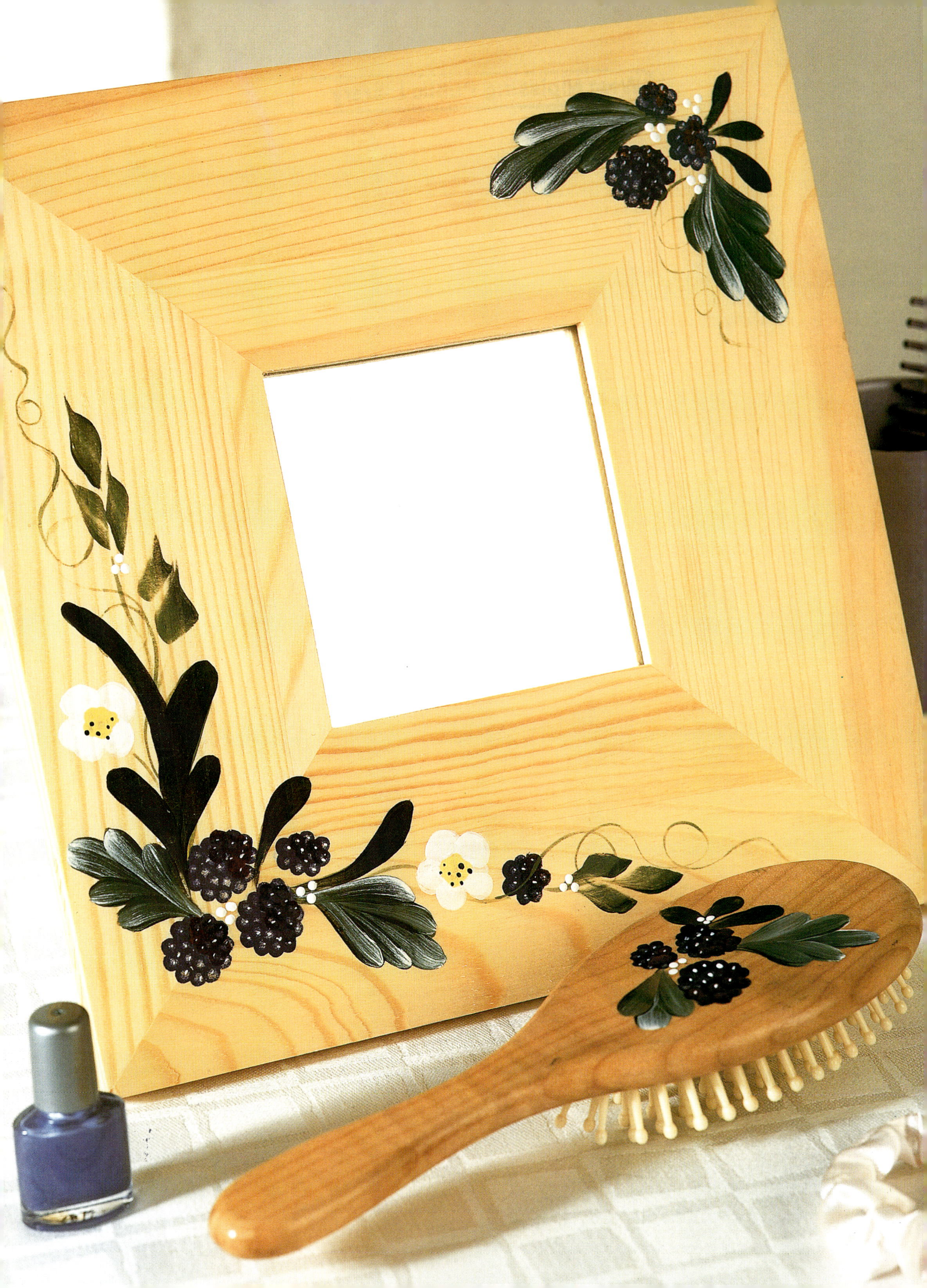

Pat Osborne

Peinture sur bois

Fleurs et textures

Broquet

97-B, Montée des Bouleaux
Saint-Constant, Qc, J5A 1A9
Tél.: (450) 638-3338 Fax: (450) 638-4338
Web: www.broquet.qc.ca / Courriel: info@broquet.qc.ca

Catalogage avant publication de Bibliothèque et Archives Canada

Osborne, Pat

   Peinture sur bois

   (Inspiration artistique)
   Traduction de: Decorative painting for the home.
   Comprend un index.

   ISBN 2-89000-763-4

   1. Peinture et décoration murales. 2. Décoration et ornement. 3. Décoration intérieure. I. Titre. II. Collection.

TT385.O7714 2006   745.7'23   C2006-940444-5

Pour l'aide à la réalisation de son programme éditorial, l'éditeur remercie :
Le gouvernement du Canada par l'entremise du programme d'aide au développement de l'industrie de l'édition (PADIÉ) ;
La société de développement des entreprises culturelles (SODEC) ;
L'association pour l'exportation du livre Canadien (AELC) ;
Le gouvernement du Québec - Programme de crédit d'impôt pour l'édition de livres - Gestion SODEC.

Copyright © 2001
New Holland Publishers (UK) Ltd
All right reserved

First published in French by Broquet Inc.
Published in the United Kingdom by New Holland Publishers (UK) Ltd.

Pour l'édition en langue française :
Copyright © Ottawa 2006
Broquet inc.
Dépôt légal — Bibliothèque nationale du Québec
2ᵉ trimestre 2006

ISBN : 2-89000-763-4

Tous droits de traduction totale ou partielle réservés pour tous les pays. La reproduction d'un extrait quelconque de ce livre, par quelque procédé que ce soit, tant électronique que mécanique, en particulier par photocopie, est interdite sans l'autorisation écrite de l'éditeur.

Imprimé en Malaisie

DÉDICACE

Je dédie ce livre à la mémoire de mes parents, Betty et Tom, qui ont toujours été là pour moi, et à mon conjoint Mark pour son appui sans réserve.

Remerciements

Je tiens à remercier tout particulièrement Carol Sykes, coordonnatrice artistique chez DecoArt UK, pour m'avoir fait connaître la peinture décorative, et Stephanie Weightman de NCW Ltd/Plaid pour m'avoir encouragée. Elles ont toutes deux contribué aux projets de ce livre. Je tiens également à remercier les autres artistes qui y ont participé : Ann Myers, Cynthia Horsfield, Paula Haley, Cathryn Wood et Beth Blinston.

Sincères remerciements à DecoArt, Plaid, NCW Ltd, Vale Woodcraft, Stencil House, Scumble Goosie, Walnut Hollow, Ikea, Raphael et Harvey Baker pour avoir fourni les produits et les accessoires qui ont servi aux photographies.

Sans oublier l'apport inestimable des artistes qui m'ont accordé la permission de reproduire leurs œuvres dans les pages « Galerie » : Priscilla Hauser, l'une de mes artistes préférées, et Liz Bramhall.

Table des matières

Introduction 6
Préparatifs 8

PROJETS

 1 : Miroir fleuri aux petits fruits 18
 2 : Chaise aux marguerites 22
 3 : Meuble-étagère aux lierres
      pour la cuisine 26
     Galerie de fruits 30
 4 : Plateau aux bourgeons de roses 32
 5 : Porte-clés 36
 6 : Arrosoir à la tulipe 40
     Galerie d'articles pour le jardin 44
 7 : Lampe aux roses 46
 8 : Écritoire de table en « cuir » antique 50
 9 : Plateau décoré de chèvrefeuille et
      de bourgeons 54
10 : Commode campagnarde 58
11 : Table marbrée à l'italienne 64
     Galerie d'objets pour les
      chambres d'enfants 68
12 : Napperon et sous-verre
      aux pensées 70
13 : Murale et table 76
14 : Corbeille à papier à la feuille
      d'or craquelée 80
15 : Paravent aux fuchsias 84

Gabarits 90
Fournisseurs 95
Index 96

Introduction

La peinture décorative remonte à la nuit des temps et témoigne de notre volonté de décorer notre habitat et de nous distinguer des autres espèces. Depuis l'homme des cavernes, en passant par l'Égypte antique et aux décorateurs domiciliaires contemporains, nous ornons nos maisons d'une manière ou d'une autre pour y conférer un cachet qui est le miroir de notre individualité. Au fil des siècles, de nombreux styles distinctifs ont vu le jour, certains spécifiques à un pays ou à une région en particulier.

J'ai commencé à m'intéresser à la peinture décorative il y a maintenant plusieurs années. À cette époque, la gamme des produits disponibles était plutôt restreinte, et mes efforts étaient souvent frustrants. En comparaison, les produits disponibles de nos jours sont faciles à manipuler et sont proposés dans des gammes élargies qui se prêtent à un nombre pratiquement infini d'applications différentes, rendant ainsi l'univers de la peinture décorative à la portée de tous.

Vous n'avez pas besoin d'être un artiste pour vous intéresser à la peinture décorative, et les motifs les plus simples sont souvent les plus percutants. De nos jours, la plupart des projets de peinture décorative sont réalisés en suivant des tracés reproduits à partir de livres ou d'ensembles de gabarits, ce qui est une bonne façon de commencer. Cependant, la satisfaction que vous éprouvez à créer une œuvre toute personnelle sera une source d'inspiration pour développer vos talents. C'est sans aucun doute une forme d'expression artistique qui s'acquiert - les techniques élémentaires des touches de pinceau peuvent être maîtrisées, tout comme vous avez appris l'alphabet quand vous étiez enfant pour ensuite regrouper les lettres et en faire des mots.

Peinture sur bois est un guide simple pour le néophyte qui cherche à s'initier à cette forme d'expression artistique populaire. Le chapitre « Préparatifs » vous explique tout ce que vous devez savoir sur les matériaux et les outils, la préparation des supports, le transfert des motifs et les techniques élémentaires de peinture. Les projets s'échelonnent du plus simple, parfait pour le débutant, tel que l'arrosoir orné d'une tulipe, à des projets plus complexes comme le magnifique paravent fleuri. Vous trouverez dans ce livre l'inspiration et les conseils dont vous avez besoin pour créer des objets magnifiques et originaux pour la maison.

Joyeuse peinture !

P. M. Osborne

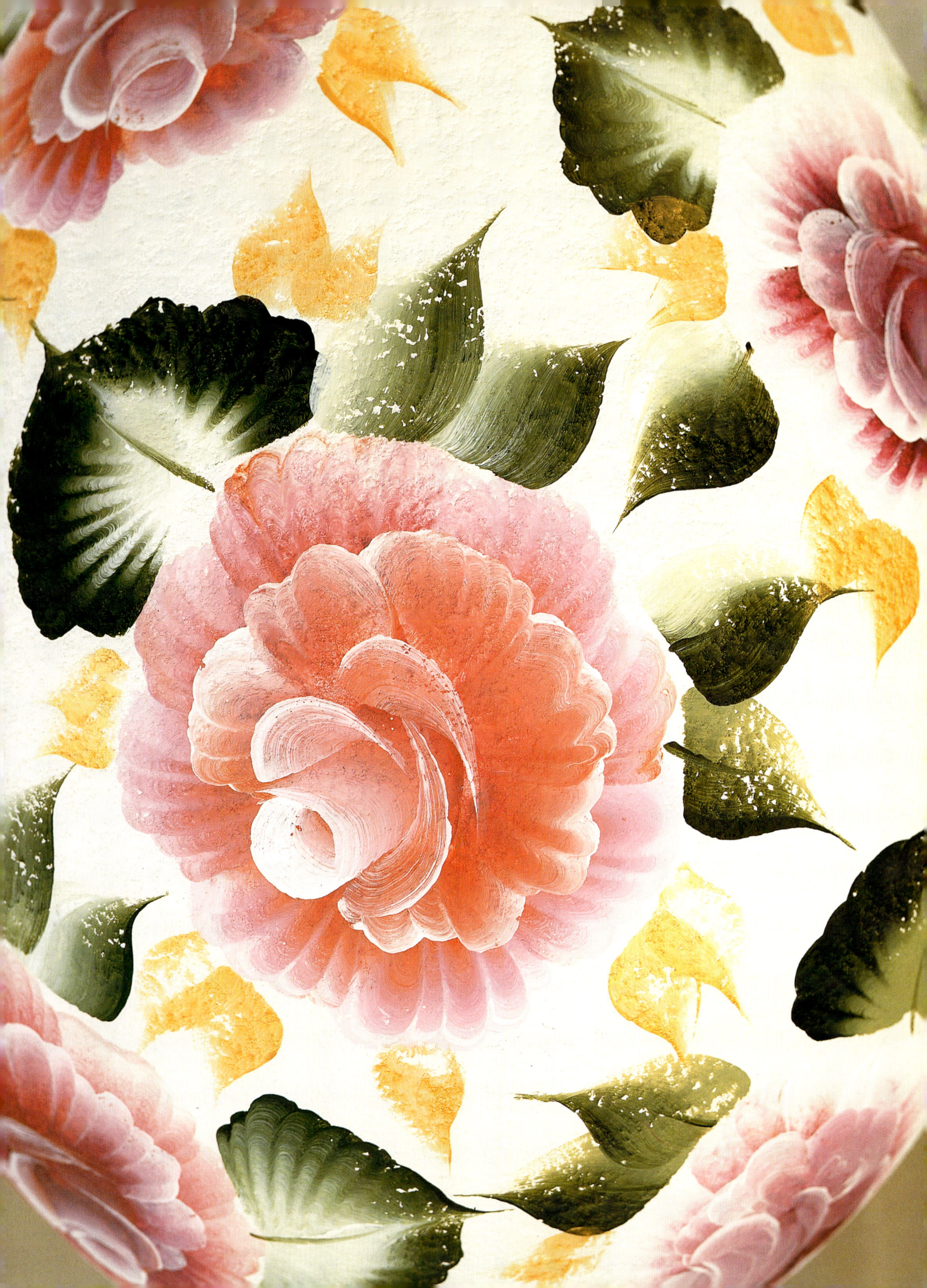

Préparatifs

Le choix d'un objet à peindre

Comme avec tout autre passe-temps naissant, il est possible de déborder d'enthousiasme et de se précipiter dans les magasins pour dépenser une petite fortune en équipement, en peinture et autre que vous n'utiliserez peut être jamais. Si vous débutez, il vous faudra faire quelques essais avec des projets simples pour découvrir ce que vous aimez faire, et la meilleure façon de commencer c'est de chercher dans la maison des objets qui peuvent être peints.

Les projets de ce livre s'adressent à toute une gamme de supports différents - en bois et en panneau de fibres à densité moyenne (MDF), en céramique, en métal et en plastique. Les corbeilles à papier, les petites boîtes, les pots à fleurs, les socles de lampes, le dos des brosses à cheveux, les chaises, les tabourets et les plateaux de service peuvent tous être transformés en objets peints formidables, et vous vous surprendrez à vouloir peindre tout ce qui n'est pas fixé au sol ! Les ventes de garage sont des occasions sans pareil pour trouver des objets « uniques » à des prix dérisoires, sans parler des bonnes affaires des marchés aux puces. N'écartez pas un objet qui vous plaît mais qui est de la mauvaise couleur ou qui est déjà peint - avec un peu de préparation et une nouvelle couche de peinture de fond, vous aurez une toile vierge toute prête à accueillir vos idées. Peindre sur du papier cartonné est un excellent moyen de vous exercer avec des dessins à petite échelle - et pourquoi ne pas faire des cartes de vœux ou des cartes-cadeaux ? Votre famille et vos amis seront sensibles au fait que vous avez pris le temps et le soin de leur offrir un cadeau unique, plutôt que d'acheter quelque chose de tout fait.

De nombreuses compagnies proposent des objets « vierges » en bois et en MDF prêts à être peints, et la gamme va du simple porte-clefs et les sous-verre, jusqu'aux armoires plus détaillées. Au fur et à mesure de vos expériences, vous choisirez des objets plus complexes à peindre, ou encore vous serez tentés par des projets de plus grande envergure, une grande peinture murale, par exemple. Les paravents peints sont un moyen formidable d'ajouter un accent coloré et amusant dans une pièce et, puisqu'ils sont mobiles, vous pouvez les déplacer d'une pièce à l'autre au gré de votre humeur.

peinture sur bois / préparatifs

PINCEAUX

Le vieil adage qui veut qu' « un mauvais ouvrier a toujours de mauvais outils » est très juste, et il vaut mieux acheter un ou deux pinceaux de bonne qualité conçus spécifiquement pour la peinture décorative que tout un ensemble de pinceaux bon marché qui ne seront pas à la hauteur de la tâche. Je suis toujours déçue de voir des enfants enthousiastes se servir de pinceaux de mauvaise qualité, car même les enfants très jeunes s'attendent à de bons résultats et peuvent apprendre très tôt comment bien prendre soin d'un bon pinceau. Les pinceaux spécialisés pour la peinture décorative et les arts populaires ont des tranches bien définies, biseautées sur les pinceaux plats, et effilées sur les pinceaux ronds. Ils sont conçus pour bien garder leur forme et vous donneront de bons résultats. L'achat de pinceaux de qualité est un investissement judicieux qui vous fera économiser temps et argent, et vous évitera bien des déceptions. Un bon pinceau peut durer toute une vie, du moins plusieurs décennies, si vous le traitez avec le soin et le respect qu'il mérite. Les pinceaux de bonne qualité ne coûtent pas nécessairement très cher, et je vous conseille de les acheter du plus petit au plus grand, au fur et à mesure de vos besoins. Avec la vaste gamme de pinceaux disponibles sur le marché, c'est parfois difficile d'arrêter son choix sur celui qu'il vous faut. D'une manière générale, un bon pinceau tout usage, un pinceau rond, un pinceau plat et un pinceau à filet combleront vos besoins initiaux. Plusieurs pinceaux sont vendus en ensembles, les pinceaux spécialisés « One Stroke » par exemple – c'est peut-être une option économiquement plus intéressante pour vous.

Les pinceaux se déclinent en deux catégories : en soies naturelles ou en fibres synthétiques. Les poils des pinceaux synthétiques ont du « ressort » et, pour le débutant, sont plus facile à utiliser et à entretenir que les pinceaux faits de soies naturelles. Ils sont plus durables, moins chers à l'achat et se prêtent mieux à la peinture acrylique. Voici quelques types de pinceaux que nous utiliserons au fil des projets de ce livre.

Pinceaux ordinaires

Un pinceau plat de bonne qualité de 2,5 cm (1 po) est du bon format pour appliquer une couche de fond sur un grand nombre d'objets et se prêtera à la plupart des projets de ce livre. Vous ajouterez peut-être un pinceau de 1 1/4 cm (1/2 po) pour peindre les objets plus petits, ou un pinceau de 8 cm (3 po) si vous projetez décorer des meubles de taille plus imposante. Achetez le pinceau de la meilleure qualité que le permet votre budget, car un pinceau de qualité inférieure laissera des poils sur votre travail et le résultat sera décevant.

Pinceaux ronds

Le pinceau rond est un pinceau plus ou moins long, dont les soies sont taillées en pointe et fixées au manche par une virole ronde en métal. Les pinceaux de meilleure qualité ont des soies taillées en biseau pour augmenter la finesse de la pointe. Vous trouverez des pinceaux ronds dans toute une gamme de formats, numérotés de 1 à 12 (le numéro 1 correspond au pinceau le plus petit). Ils sont parfaits pour l'application des touches fines, les pétales et le feuillage. Ils servent également au remplissage et à l'application de lavis sur des petites surfaces.

Pinceaux plats

Le pinceau plat a une virole plate en métal, et ses poils forment une tranche biseautée bien droite. Il sert au remplissage, aux dégradés et aux ombres, ainsi qu'à certaines touches (voir à la page 15). Vous pouvez peindre avec le côté plat ou la tranche biseautée pour tracer un mince filet.

Pinceaux à filet

Un pinceau à filet est un pinceau effilé et étroit aux soies longues, dont la pointe est graduellement biseautée en son extrémité. Il sert à contourner, ou à tracer des filets longs et fins, pour les tiges, les pédoncules, les vrilles ou les fioritures, par exemple (voir à la page 16). Un pinceau à filet plus court est connu sous le nom de pin-

Cet ensemble de pinceaux « One-Stroke » est composé de pinceaux plats. De gauche à droite : traînard n° 1, plat n° 2, plat n° 6, petit carré, carré, carré plat 3/4, plat n° 12, plat n° 10, plat n° 8.

ceau à moucheter ou traînard. L'artiste en herbe le trouvera plus facile à contrôler que le pinceau fin plus long, et il sert à peindre les petits détails.

Pinceaux à tapoter

Un pinceau à tapoter, ou à putois, est un pinceau rond avec des poils courts et drus dans une virole ronde. Il a un manche court et épais. Il sert à marteler, à pointiller ou à faire des enlevés putoisés. Les pinceaux plus petits servent à peindre le centre des fleurs ou à ajouter des joues rosées aux personnages peints.

Pinceaux carrés

Un pinceau carré a des soies rigides et est conçu pour être utilisé à sec pour fondre et pointiller. Il sert à peindre la neige, les fleurs du type glycine, la mousse, et ainsi de suite. Généralement de forme ovale, et plus doux qu'un pinceau à tapoter.

Pinceaux éponge

Une alternative pratique et économique pour appliquer la couleur de fond et les vernis. Ils sont jetables, bien qu'ils puissent servir à quelques reprises s'ils sont bien entretenus.

Pinceaux spécialisés

En plus des pinceaux ordinaires présentés plus haut, il existe toute une gamme de pinceaux spécialisés, proposés dans toutes les formes que l'on peut imaginer, allant de l'éventail aux pinceaux angulaires. Ils ne sont pas essentiels au débutant, et votre fournisseur spécialisé saura vous conseiller sur leur pertinence.

Entretien des pinceaux

Un pinceau de bonne qualité, s'il est correctement entretenu, dure toute une vie. Il faut toujours rincer à l'eau l'apprêt de protection ou l'encollage du pinceau neuf avant de s'en servir. Cet apprêt sert à protéger le pinceau au cours de son long voyage entre le fabricant et l'artiste. Après s'en être servi avec des peintures acryliques, il faut toujours nettoyer les pinceaux dans un bocal d'eau propre. Sinon, la peinture sèche se « figera » à la base des poils et ébrasera le pinceau, qui deviendra inutilisable. Ensuite, lavez le pinceau à l'eau tiède (pas à l'eau chaude) avec un peu de savon doux ou de savon à vaisselle. Rincez jusqu'à ce qu'il n'y ait plus de trace de couleur lorsque vous passez le pinceau sur une serviette en papier.

Il ne faut jamais laisser les pinceaux tremper dans l'eau, car les poils se déformeront et le pinceau ne retrouvera pas sa forme. Si cela vous arrive par mégarde, essayez de ressusciter votre pinceau en trempant brièvement sa pointe dans l'eau chaude pour lui redonner sa forme. Faites attention de ne pas laisser la virole tremper dans l'eau chaude, puisque la colle risque de fondre et les poils de s'en détacher. Les pinceaux qui sont laissés à tremper dans l'eau peuvent se désagréger si le bois du manche gonfle et se fend et que la virole n'a plus de prise. C'est pour cette raison que plusieurs fabricants proposent maintenant un choix de manches en plastique ou en acrylique.

Rangez vos pinceaux dans un bocal vide, les soies vers le haut, ou à plat dans un plateau doublé d'une serviette en papier. Si vous voyagez avec vos pinceaux, procurez-vous une malle spéciale conçue à cet effet, disponible chez les marchands de matériel d'artiste. Elle protégera les soies fragiles contre les dommages. Il ne faut jamais remiser des pinceaux encore humides, ils risquent de moisir. Si vous ne pensez pas vous en servir pendant un certain temps, vous pouvez « habiller » les soies avec du fixatif pour les cheveux, que vous laisserez sécher. Cela aidera à les protéger et à les conditionner, cependant n'oubliez pas de les rincer avant de vous en servir.

Si vous êtes tenté par la peinture avec des produits qui ne sont pas solubles à l'eau, il vous faudra un solvant approprié pour nettoyer vos pinceaux. Par exemple, les pinceaux qui ont servi avec de la peinture à l'huile se nettoient avec de la térébenthine ou de l'essence minérale.

Cet ensemble de pinceaux en fibres synthétiques est spécialement conçu pour l'acrylique et comprend quelques pinceaux spécialisés, tels que des pinceaux en éventail et des pinceaux angulaires.

peinture sur bois / préparatifs

PEINTURE

Il existe une telle variété de produits disponibles sur le marché que le choix peut être intimidant pour le débutant. La plupart des projets présentés ici sont réalisés avec de la peinture acrylique, et je conseille fortement à tous les artistes peintres débutants en peinture décorative d'utiliser la peinture acrylique pour leurs premières aventures. La peinture acrylique peut être utilisée au sortir du tube ou du flacon, elle est proposée dans des centaines de couleurs, en plus d'être soluble à l'eau. Elle sèche rapidement, elle est inodore et économique, et vos erreurs sont faciles à corriger. Sa consistance la rend idéale pour l'application de la couche de fond et des touches au pinceau. Les pinceaux peuvent être nettoyés à l'eau savonneuse et les taches sur les vêtements s'enlèvent facilement si elles sont traitées avant qu'elles ne sèchent.

En plus de la peinture à l'acrylique en tant que telle, il existe d'autres produits complémentaires. Vous trouverez une vaste gamme de médiums pour adapter la peinture acrylique aux applications sur les textiles, les carreaux en céramique et la verrerie. D'autres produits modifient le fini pour le rendre glacé ou perlé, ou tout simplement pour rendre la peinture plus fluide ou en réduire le temps de séchage. Une fois votre projet terminé, c'est une bonne idée que d'appliquer quelques couches de vernis scellant pour protéger votre œuvre et en prolonger la durée de vie, sans compter que cela en rehausse les couleurs. Ces vernis sont proposés en plusieurs finis et sont vaporisés ou appliqués au pinceau. Réservez un pinceau pour le vernis qui ne sera pas abîmé par la peinture. La plupart des fabricants offrent des brochures détaillées et gratuites sur leurs peintures et les médiums, en plus de sites Web formidables qui proposent des renseignements sur les produits, les projets, les cercles chromatiques, des données techniques et des répertoires de détaillants qui livrent des commandes postales pour ceux parmi nous qui habitent loin d'un magasin.

AUTRES ACCESSOIRES UTILES

La plupart des autres accessoires dont vous aurez besoin pour démarrer se trouvent probablement déjà en votre possession.

Bocal d'eau
Vous pouvez vous procurer des bocaux spécifiquement conçus pour contenir plusieurs pinceaux pendant que vous travaillez, cependant un pot de confiture propre fera l'affaire. N'oubliez pas de changer l'eau de temps en temps.

Palettes
Un carreau en céramique constitue une bonne palette pour y déposer la peinture, et il se nettoie facilement. J'utilise du papier ciré pour les palettes, conditionné en tablettes. L'avantage, c'est qu'il permet d'y faire des mélanges de couleurs – ça ne coûte pas cher et c'est jetable. Sous les climats plus chauds, il est parfois nécessaire de travailler avec une « palette humide ». Il s'agit d'une feuille de papier à palette placée sur une épaisseur d'éponge humide dans un plateau en plastique. Elles sont disponibles chez les détaillants de matériel d'artiste ou vous pouvez improviser et fabriquer la vôtre. Elle empêche la peinture de sécher trop rapidement sur la palette, et une fois couverte, vous pourrez conserver la même palette plus longtemps jusqu'à ce que votre projet soit terminé.

Couteau à palette
Un petit couteau à palette est très utile pour mélanger la peinture ; il faut à tout prix éviter de mélanger avec un pinceau, ce qui risque de l'abîmer.

Éponges
Les éponges naturelles de mer ou des morceaux d'éponge synthétique peuvent servir à créer des effets de texture, surtout sur les grandes surfaces. Les éponges de mer ont des pores plus larges et, parce que ceux-ci sont irréguliers, ils produiront un effet plus captivant. (Voir à la page 17 pour la technique de l'éponge.)

Tiges de coton ouaté
Les tiges de coton sont toutes indiquées pour appliquer des pois de peinture et créer des effets de pointillisme ou de lumière. Elles sont aussi très pratiques pour gommer les erreurs sans faire de bavures.

Bâtons à cocktail
Ils sont très pratiques pour l'application de petits pois de colle, et peuvent même remplacer le stylet pour placer des pois très fins.

Ruban de masquage
Le ruban à faible adhésion peut servir à masquer les endroits qui ne doivent pas être peints, pour créer des motifs étonnants et des tracés clairement définis. Il sert également à fixer en place des dessins au trait ou des gabarits sur votre travail.

Stylet
Cet outil polyvalent est idéal pour transférer les tracés à partir d'un gabarit, bien qu'un crayon bien affûté fasse l'affaire. Le stylet sert également à placer des pois très fins (voir à la page 17).

Papier calque et papier à report
Ils sont essentiels pour le transfert des gabarits et des tracés sur les objets vierges.

Serviettes en papier
Pratiques à avoir sous la main pour essuyer les dégâts accidentels ! Elles servent aussi à essuyer vos pinceaux.

Bloc à poncer ou papier d'émeri
Une bonne préparation de l'objet à peindre est une étape essentielle du procédé. Les objets en bois ou en MDF (panneau de fibres à densité moyenne) devront être plus ou moins poncés, en fonction de la rugosité de la surface. Prenez garde lorsque vous poncez des objets en MDF - portez un masque ou travaillez à l'extérieur de la maison.

peinture sur bois / préparatifs

TECHNIQUES ÉLÉMENTAIRES

Préparatifs

Une bonne préparation de la surface est garante du succès. Si vous sautez cette étape, vous risquez de le regretter plus tard et le résultat ne sera pas celui que vous escomptiez. Poncez et scellez les objets vierges avant de les peindre, et assurez-vous de nettoyer et d'assécher les surfaces des autres objets pour les débarrasser de toute trace de gras et de saletés. Poncez la vieille peinture pour obtenir un fini lisse, la « clé » de votre réussite. Nettoyez les objets en métal et en verre avec une solution de parts égales d'eau et de vinaigre. À moins que vous ne recherchiez un aspect vieilli, remplissez tous les petits trous du bois avec un bouche-pores. N'oubliez pas de préparer aussi l'arrière, le dessous et l'intérieur de tous les objets, cela les empêchera de gauchir en plus de leur conférer un aspect bien fini.

Le papier d'émeri est proposé en plusieurs grains, de l'ultrafin au très grossier. Le papier d'émeri sec et humide peut être utilisé sur des surfaces humides et les blocs à poncer vous permettent d'exercer une pression égale sur toute la surface. Si vous poncez une grande surface de MDF, il est préférable de porter un masque.

La couche de fond devrait être appliquée avec un pinceau plat ou un pinceau en mousse de bonne qualité, aussi large que possible en fonction de la tâche à accomplir. Plusieurs couches minces donneront un meilleur résultat qu'une seule couche épaisse. Poncez la surface entre chaque couche dès qu'elle est sèche et lustrez avec un sac en papier brun.

La bonne touche de pinceau

La meilleure façon d'apprendre les touches élémentaires au pinceau, c'est de pratiquer, pratiquer, pratiquer ! Lorsque vous travaillez, ayez des petits bouts de papier ou de carton à portée de la main pour y faire quelques touches de pinceau avant de vous attaquer à l'objet que vous décorez. N'oubliez pas qu'il y a peu d'erreurs irrémédiables !

Charger un pinceau plat de peinture et de médium

Lorsque vous travaillez avec un pinceau plat, il ne faut pas le charger de peinture à plus du trois-quarts des soies. Le côté du pinceau est tout d'abord trempé dans la petite « flaque » de médium, puis l'autre côté est trempé dans la couleur. Passez la pleine largeur du pinceau sur un papier pour tracer un chemin de couleur – cela s'appelle mélanger.

Charger un pinceau plat avec deux couleurs

Pour charger un pinceau avec deux couleurs, ou double-charger, procédez de la même manière que pour charger un pinceau de peinture et de médium. Trempez les soies d'un côté du pinceau plat dans la première couleur de peinture. Trempez ensuite l'autre côté du pinceau dans la deuxième couleur. Mélangez les couleurs en passant plusieurs fois le pinceau sur un papier jusqu'à ce qu'elles commencent à se mélanger – vous verrez alors une « troisième » couleur apparaître.

Double-charger un pinceau rond

Double-charger un pinceau rond, c'est le charger d'une couleur pour ensuite en tremper la pointe dans une deuxième couleur. Cela donne un effet lumineux, surtout lorsque vous travaillez avec des touches en virgule.

Faire des touches en « S » avec un pinceau plat

Les touches en « S » sont idéales pour les feuillages. Chargez le pinceau de peinture et placez le bien droit et perpendiculaire au support. Placez la tranche biseautée vers le bas et exercez une pression tout en le tirant vers vous, en terminant sur la tranche biseautée (parallèle à votre point de départ). Double-chargez le pinceau avec deux couleurs pour un feuillage à l'aspect plus réaliste et vous obtiendrez des zones lumineuses et ombragées en un seul coup. Les feuilles plus grandes exigeront peut-être deux touches pour les remplir. Complétez une moitié de la feuille, puis l'autre, en la faisant chevaucher sur la première. Les couleurs double-chargées rendront un effet de nervure au centre de la feuille.

Faire des touches en « C » avec un pinceau plat

Les touches en « C » (qui peuvent aussi être des touches en « U », selon leur orientation) servent à merveille pour remplir les formes curvilignes des pétales. Choisissez un pinceau d'une taille appropriée à la composition. Vous devez tenir le pinceau bien droit pendant que vous appliquez cette touche. Appliquez la tranche biseautée du pinceau sur le support et faites glisser un côté sur une petite distance en ne vous servant que de la tranche mince biseautée. Continuez en un mouvement curviligne tout en exerçant une pression avec l'aplat du pinceau. Alors que vous arrivez en bout de course, relâchez la pression et terminez sur la tranche mince biseautée, parallèle à votre point de départ. Cette touche ne peut se faire que d'un trait. Le double-chargement amplifie l'effet et ajoute une pointe de réalisme.

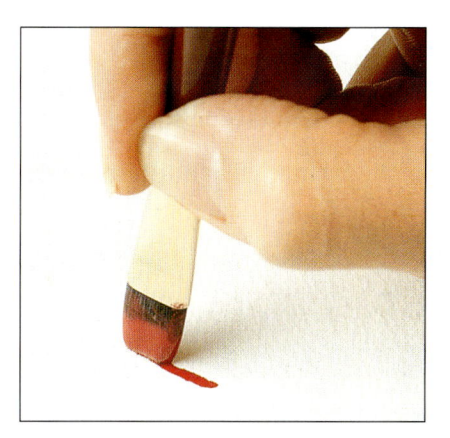

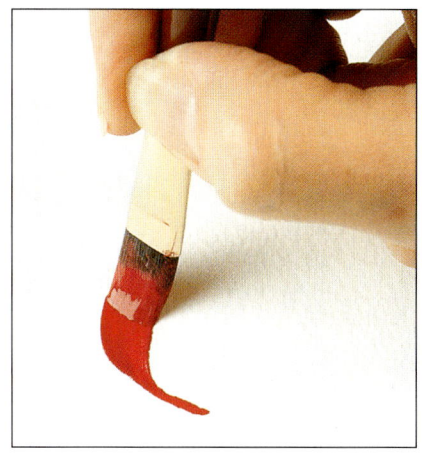

peinture sur bois / préparatifs 15

Faire des touches en virgule
Probablement la touche la plus souvent utilisée, il s'agit de pointer, presser et soulever. Chargez votre pinceau et placez sa pointe vers le bas. Exercez une certaine pression jusqu'à ce que la pointe du pinceau s'écrase un peu, tirez vers vous sur le papier, tout en soulevant légèrement au fur et à mesure. Terminez la touche sur la pointe du pinceau pour former la queue de la virgule. Faites quelques exercices en tenant le pinceau bien droit, puis en l'inclinant vers la droite et vers la gauche, en faisant des traits plus ou moins grands. Cette technique est très utile pour les pétales, le remplissage des feuilles et la décoration des bordures. Charger le pinceau d'une deuxième couleur vous donnera un effet de dégradé.

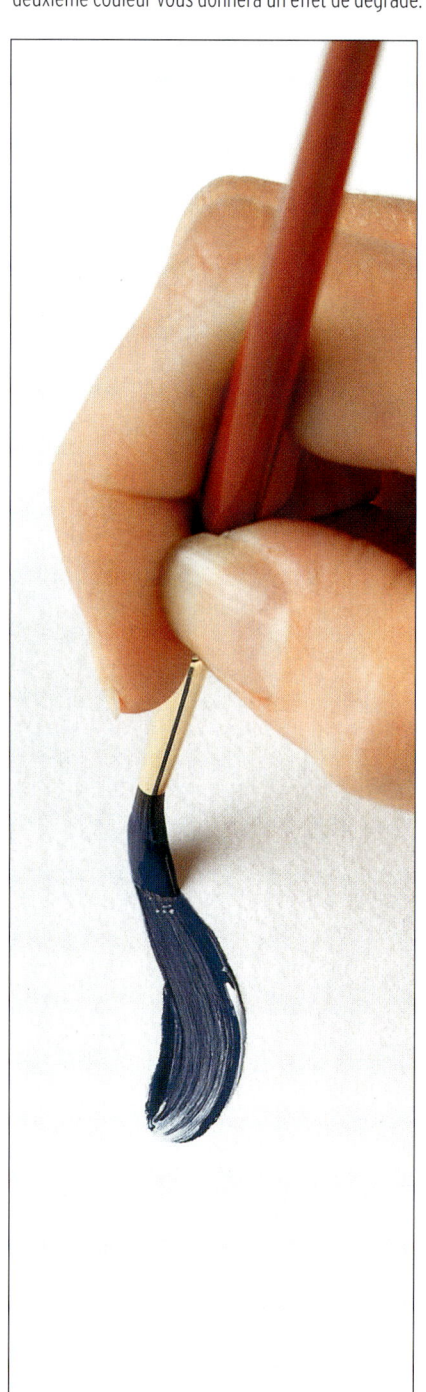

Faire des « dentelles »
Les dentelles sont amusantes à faire et se prêtent bien aux feuillages, surtout lorsque le pinceau est double-chargé de deux couleurs. Avec un pinceau plat, exercez une pression sur le « talon » du pinceau, puis « agitez » le pinceau pour que les poils s'écartent en forme d'éventail.

Travailler avec un pinceau à filet
Le pinceau à filet est utilisé avec de la peinture légèrement diluée à l'eau. Il suffit d'ajouter quelques gouttes d'eau à la peinture sur votre palette et mélanger jusqu'à ce que la consistance soit semblable à celle de l'encre. Faites quelques exercices avec des lignes droites et courbes pour les tiges, les nervures, les vrilles et les fioritures. Pour faciliter le tracé des lignes courbes, tenez votre pinceau à un angle de 90 degrés par rapport à votre support. Tracez les tiges avec un pinceau à filet ou un pinceau plat dressé sur sa tranche biseautée. Évitez autant que possible de tracer des tiges droites - des lignes courbes seront beaucoup plus réalistes.

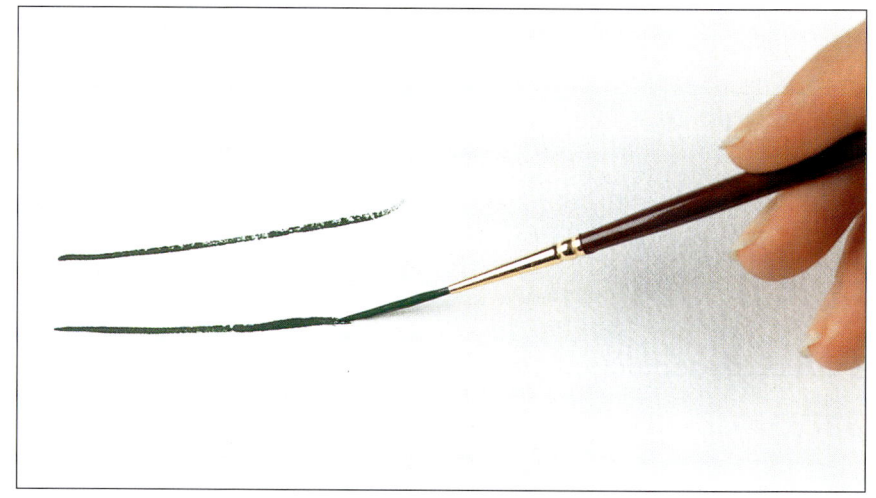

Pois
Les pois servent aux fleurs secondaires, au pollen des grandes fleurs et pour les frises et les bordures. Ils sont produits avec l'extrémité du manche d'un petit pinceau ou avec un stylet. Pour des pois de taille uniforme, trempez l'extrémité du manche ou le stylet dans la peinture pour chaque pois. Si vous faites quelques pois avant de recharger, vous remarquerez que la taille des pois décroît au fur et à mesure que la quantité de peinture diminue.

Technique de l'éponge
Cette technique est très efficace sur les peintures murales et les arrière-plans. Les pores ouverts et la surface texturée des éponges de mer vous donneront des effets plus captivants. Faites tout d'abord quelques essais sur du papier pour obtenir l'effet souhaité, en prenant soin d'imprimer une rotation à l'éponge pour varier le motif. Double-chargez l'éponge avec plus d'une couleur, ou encore, travaillez par étapes, avec une seule couleur à la fois et en laissant sécher entre les couches.

Technique du pointillé
La technique du pointillé en est une de tapotage. Elle sert bien les arrière-plans, les lilas et les glycines réalistes, la peinture au pochoir et les faux finis. Servez-vous d'un pinceau spécialisé pour le pointillé ou le pochoir, ou de tout autre pinceau aux soies fermes. Faites quelques essais de technique du pointillé, plus ou moins légère, avec plus d'une couleur. La technique du pointillé est également utile pour le centre des fleurs et les joues rosées des personnages.

SOURCES D'INSPIRATION

Il existe une pléthore de livres sur le sujet et des ensembles de gabarits, et les motifs peuvent être ajustés ou réduits en fonction de votre projet, en les numérisant et en les imprimant à partir de votre ordinateur, ou en les photocopiant.

Vous pouvez également adapter des patrons de broderie ou des motifs provenant d'autres projets artisanaux. Les dessins d'enfants et les cahiers à colorer sont aussi de bonnes sources d'inspiration. Vous prendrez bientôt plaisir à créer vos propres motifs. Toutefois, prenez garde de respecter les droits d'auteur.

Tracés
Comme nous l'avons dit auparavant, la plupart des peintres décoratifs commencent par tracer des motifs pré-préparés, il est donc essentiel d'avoir une tablette de papier calque de bonne qualité de format LETTRE (8 $\frac{1}{2}$ x 11 po). Vous pouvez utiliser du papier ciré de qualité alimentaire, bien que plusieurs peintres préfèrent les feuilles de papier sur lesquelles on peut imprimer un motif numérisé à partir d'un ordinateur.

Papier à report
Le papier à report est un papier réutilisable enduit de craie ou de graphite. Le papier à report est inséré entre le motif tracé et le support, le côté enduit de craie ou de graphite placé vers le bas. En traçant le motif avec un stylet ou un crayon, le motif est transféré sur l'objet. Utilisez le papier à report enduit de craie sur les supports foncés, et ceux enduits de graphite sur les supports clairs pour mieux voir le motif. Ne jamais se servir de papier carbone, car il laissera des bavures indélébiles qui ne sont pas très esthétiques.

Ateliers de peinture
Plusieurs communautés proposent des ateliers de peinture consacrés aux arts décoratifs et populaires, et d'y participer est une bonne façon de vous faire des amis qui partagent vos intérêts. C'est une bonne occasion d'échanger des idées, de participer à des démonstrations de produits et de rencontrer des artistes invités qui vous enseigneront de nouvelles techniques.

peinture sur bois / préparatifs

Miroir fleuri aux petits fruits

PROJET 1

Ce charmant miroir fleuri aux petits fruits permet aux débutants de s'exercer avec les touches élémentaires tout en obtenant des résultats d'allure professionnelle. Le motif peut être facilement modifié pour s'adapter à des supports différents.

1 Sceller le miroir en le couvrant d'un carré de papier et en vaporisant légèrement le cadre d'un scellant en aérosol. Tracer le motif de mûres de la page 91 et le transférer sur le cadre du miroir en plaçant le papier à report sous le tracé et en passant un stylet ou un crayon bien affûté sur le motif.

2 Peindre les grandes feuilles avec cinq touches en virgule et un pinceau rond n° 5 chargé de vert foncé Hauser® pointé de blanc titane.

Vous aurez besoin de :

vert foncé Hauser®
blanc titane
bleu primaire
bourgogne foncé
jaune citron
noir de fumée
avocat clair

Petit miroir carré encadré de pin, 26 x 26 cm (10 x 10 po)
Scellant et couche de finition matte à l'acrylique
Papier calque
Papier à report au graphite
Stylet ou crayon bien affûté
Peintures acryliques, DecoArt Americana® par exemple, telles qu'illustrées
Pinceau rond n° 5
Tiges de coton ouaté
Pinceau à détailler
Petit pinceau plat
Pinceau angulaire à ombrager
Pinceau à filet

peinture sur bois / projet 1   19

PROJET 1

3 Peindre chaque feuille avec des touches simples en virgule. Se servir du même pinceau, mais uniquement chargé de vert foncé Hauser®.

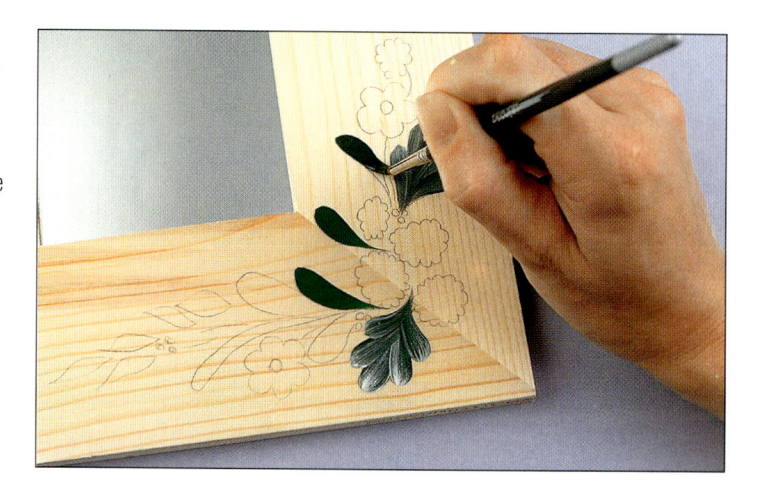

4 Peindre les drupéoles individuelles des petits fruits avec une tige de coton trempée dans le bleu primaire et la technique du pointillé. Faire quelques essais préliminaires sur du papier. Ne pas trop charger la tige de coton. L'objectif visé est d'obtenir une zone plus claire au centre, suggérant la fleur du fruit. Dans un premier temps, peindre l'extérieur du cercle, en gardant la forme irrégulière et l'aspect réaliste du fruit, puis remplir le centre. Alors que la peinture est encore humide, ajouter quelques pois de bourgogne foncé sur un tiers de chaque petit fruit, et vers la droite. Ajouter un soupçon lumineux avec le blanc titane et un pinceau à détailler sur presque toutes les drupéoles.

5 Peindre les fleurs en blanc titane. Diluer la peinture à l'eau pour un effet translucide. Tracer chaque pétale avec des touches en virgule au petit pinceau plat. Remplir le centre avec une tige de coton chargée de jaune citron. Ajouter quelques pois pour le pollen avec un stylet trempé dans le noir de fumée.

6 Peindre le reste du feuillage avec un petit pinceau angulaire et un mélange aqueux d'avocat clair. Ajouter quelques vrilles de la même couleur. Dessiner les vrilles à main levée, c'est plus facile que d'essayer de suivre un tracé. Terminer avec quelques ensembles de trois pois de blanc titane appliqués au stylet.

7 Laisser sécher et vernir avec un scellant de finition en vaporisateur, tout en prenant soin de protéger le miroir d'un papier.

variante

Le dos d'une brosse à cheveux est un bon support pour la peinture. Il vous faudra peut-être mettre à l'échelle quelques éléments du motif pour accommoder l'objet de votre choix.

peinture sur bois / projet 1

Projet 2
Chaise aux marguerites

Frais comme une marguerite, ce motif plaira au benjamin de la famille, tout en étant placé sur un objet robuste et fonctionnel. Le plastique tient une place importante dans nos vies, et grâce aux nouvelles peintures spécialisées, vous pouvez peindre sur du plastique sans craindre que la peinture ne se craquelle ou se détache.

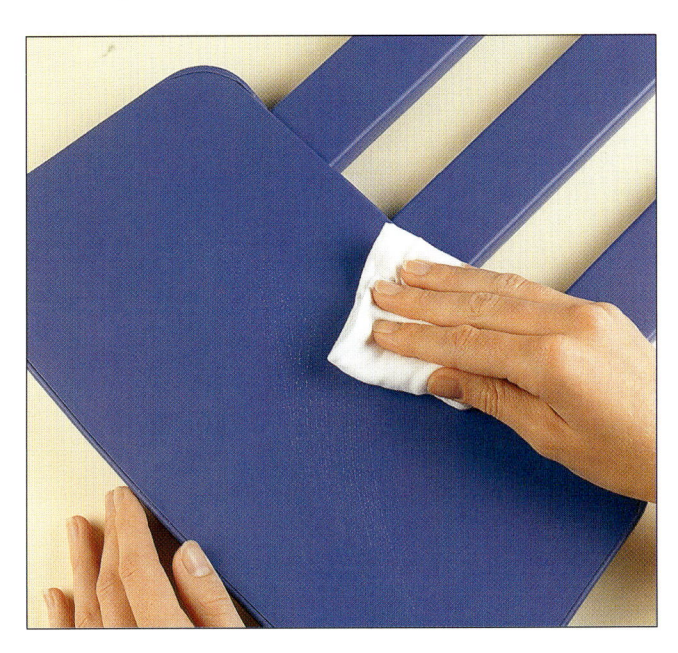

1 Passer un chiffon imbibé d'alcool à friction sur toute la surface de la chaise. Retirer l'électricité statique et toute aspérité provenant du moulage du plastique. Laisser sécher.

2 Tracer le motif de marguerite de la page 91 et le transférer sur le dossier de la chaise en plaçant le papier à report sous le tracé, puis en passant un stylet ou un crayon bien affûté sur le motif. Le motif de bourgeon devrait être placé sur le siège.

Vous aurez besoin de :

vert chasseur
vert néon
blanc
jaune
noir

Chaise en plastique pour enfant
Alcool à friction
Papier calque
Papier à report à la craie
Stylet ou crayon bien affûté
Peintures pour le plastique, Plaid's® par exemple, telles qu'illustrées
Pinceau plat moyen
Pinceau rond n° 5
Petit pinceau à pointillé
Petit pinceau plat
Gomme à effacer malléable
Scellant

peinture sur bois / projet 2

2 PROJET

3 Avec un pinceau moyen plat double-chargé de vert chasseur et de vert néon, peindre les grandes feuilles en deux touches. Travailler du bas de la feuille vers le haut, en gardant le vert néon sur la partie médiane. Laisser sécher environ 10 minutes.

4 Charger un pinceau rond n° 5 de blanc et peindre les pétales sur le dossier et le siège de la chaise, avec des touches en virgule. Terminer tous les pétales, sauf ceux qui chevauchent le centre des fleurs.

5 Charger le pinceau à pointillé de peinture jaune. Faire quelques essais sur du papier, puis remplir de jaune le centre de chaque fleur en tapotant. Laisser sécher avant d'ajouter les autres pétales blancs qui chevauchent les centres jaunes.

6 Peindre les petites feuilles et les calices avec un petit pinceau plat et le vert néon. Étirer les tiges avec la tranche biseautée du pinceau, puis laisser sécher environ 10 minutes.

7 Ajouter un croissant de pois pour le pollen sur la moitié inférieure du centre des fleurs, avec la peinture noire et le stylet. Pour des pois de taille identique, il faut recharger le stylet après chaque pois. Laisser sécher complètement environ 3 semaines avant d'enlever les marques apparentes de craie avec une gomme à effacer malléable. Pour rendre la surface plus résistante et imperméable, appliquer une couche de scellant pour le plastique.

peinture sur bois / projet 2

Projet 3

Meuble-étagère aux lierres pour la cuisine

Stephanie Weightman

Ce petit meuble-étagère, trouvé dans un bric-à-brac, était déjà teint en vert. Le fini antique a été obtenu par une technique de vieillissement : il s'agit de frotter le bois avec de la cire, puis de le peindre avec un mélange aqueux de peinture acrylique blanche pour un effet délavé à la chaux, en peignant certaines zones plus blanches que d'autres. Les grappes de raisin et la vigne sont peintes sur le haut du meuble et sur les côtés – parfait pour une cuisine de campagne.

Vous aurez besoin de :

vert forêt
blanc osier
rouge baie
bleu nuit

Petit meuble-étagère en pin
Peintures acryliques, FolkArt® par exemple, telles qu'illustrées
Pinceau plat n° 12
Pinceau à filet
Dorure en crème or classique

1 Bien s'assurer que le support soit lisse, propre et sec. Double-charger un pinceau plat n° 12 de vert forêt et de blanc osier, et, en travaillant avec la tranche biseautée, peindre la vigne en commençant par la couleur la plus claire. Entremêler la vigne pour un effet plus naturel. C'est préférable de travailler à main levée, cependant le motif de la page 92 vous servira de guide.

2 Ajouter les grappes de raisin avec le pinceau plat double-chargé de rouge baie et de bleu nuit. Placer le pinceau sur le support et sur sa tranche biseautée, puis lui imprimer une rotation pour former un cercle complet. Peindre quelques raisins avec le bleu nuit au centre, et d'autres avec un centre rouge baie. Avec un pinceau à filet, ajouter une touche de blanc à chaque raisin, en prenant soin de placer ces touches lumineuses au même endroit sur chaque raisin.

peinture sur bois / projet 3

3 Double-charger le pinceau plat de vert forêt et de blanc osier et peindre les feuilles de la vigne. Pour ce faire, placer le blanc à l'intérieur de la feuille et agiter le pinceau vers l'extérieur, puis le ramener au centre et le faire glisser sur sa pointe vers le haut de la feuille. Compléter la deuxième moitié de la même manière, toujours en commençant par le haut de la feuille.

4 Ajouter les feuilles plus petites avec une seule touche du pinceau plat double-chargé de vert forêt et de blanc osier. Passer à un pinceau plus petit, ou se servir du pinceau n° 12, au choix.

5 Diluer le vert forêt avec un peu d'eau jusqu'à obtenir un mélange de la consistance de l'encre. Avec le pinceau à filet, ajouter quelques vrilles frisées vers l'intérieur et l'extérieur des feuilles.

6 Pour un fini antique, frotter la surface à vieillir avec la dorure en crème. La meilleure façon de l'appliquer c'est avec le doigt.

astuce de l'artiste

La peinture diluée à l'eau jusqu'à ce qu'elle ait la consistance de l'encre vous facilitera l'exécution des vrilles et des petits détails.

peinture sur bois / projet 3   29

Galerie
de fruits

Porte-ustensiles
Une bonne récolte de fruits, peints sur des récipients en acier galvanisé avec des peintures acryliques FolkArt®. La conception est de Priscilla Hauser®.

Plateau aux groseilles
Ce délicat motif de groseilles peint sur un support fumé et marbré est une création de Liz Bramhall. Cette technique fait intervenir la suie de la flamme d'une chandelle.

Panier aux poires
Ce panier a été peint par Priscilla Hauser® avec de la peinture acrylique FolkArt®, et reproduit un motif original de poires et de damier. L'effet est dynamique et rafraîchissant.

Porte-serviettes
Un motif simple de verger et de pommes, réalisé par les studios DecoArt®, peint sur un porte-serviettes en bois incurvé de Walnut Hollow.

Centre de table
Ce centre de table, peint par l'auteur d'après une idée originale de Carol Sykes, est un support idéal pour y placer une grosse chandelle qui illuminera vos repas d'hiver.

Projet 4

Plateau aux bourgeons de roses

Carol Sykes

Ce joli plateau aux bourgeons de roses fait appel à la technique classique de peinture « à une seule touche », mise au point par l'artiste américaine Donna Dewbury. Le motif est simple et élégant, ce qui en fait un projet idéal pour les débutants. Pour bien maîtriser les éléments plus complexes du motif, faites quelques essais sur du papier.

Vous aurez besoin de :

vert sauge argentée
or métallisé glorieux
vert conifère
blanc titane
rouge canneberge

Plateau ovale en MDF
Peintures acryliques, DecoArt Americana® par exemple, telles qu'illustrées
Pinceau doux et plat de 2,5 cm (1 po)
Papier d'émeri à grain fin
Pinceau plat n° 8
Papier calque
Papier à report au graphite
Stylet ou crayon bien affûté
Pinceau à filet
Pinceau plat n° 10
Gomme à effacer
Vernis transparent satiné

1 Appliquer une couche de vert sauge argentée sur l'ensemble du plateau avec un pinceau doux de 2,5 cm (1 po). Laisser sécher avant de poncer avec un papier d'émeri au grain fin, puis appliquer une deuxième couche de vert sauge argentée. Appliquer la peinture or métallisé glorieux sur le rebord du plateau avec un pinceau plat n° 8. Bien laisser sécher, puis poncer légèrement la peinture or pour créer un effet de patine usée par le temps.

2 Tracer le motif de bourgeons de roses de la page 90. Transférer le motif sur le plateau en plaçant un papier à report sous le motif et tracer avec un stylet ou un crayon bien affûté.

peinture sur bois / projet 4

33

PROJET 4

3 Charger le pinceau plat n° 8 de vert conifère et peindre les petites feuilles avec des touches en « S ». Double-charger le pinceau plat n° 10 de vert conifère et de blanc titane et peindre les grandes feuilles avec des touches en « S ».

4 Double-charger le pinceau plat n° 8 de rouge canneberge et de blanc titane, et peindre les bourgeons des roses. Ils sont formés par deux touches en « C ».

5 Avec un pinceau chargé de vert conifère, peindre les tiges de toutes les feuilles et des bourgeons. Peindre le calice de chaque bourgeon, puis ajouter quelques vrilles. Charger le pinceau à filet de blanc titane et placer trois pois au centre de chaque bourgeon.

6 Double-charger le pinceau plat n° 10 de rouge canneberge et de blanc titane. Peindre les roses en suivant le motif – après avoir fait quelques essais préliminaires sur du papier (voir plus bas pour une explication sur les touches). Avec la pointe du pinceau à filet chargé de blanc titane, appliquer des pois au centre de chaque rose, ainsi que quelques groupes de pois blancs autour du motif.

7 Lorsque la peinture est sèche, effacer les traits avec une gomme. Appliquer deux couches de vernis satiné, en laissant bien sécher entre chaque couche.

peinture sur bois / projet 4   35

Porte-clés

5 PROJET

Paula Haley

Ce magnifique porte-clés, orné de chrysanthèmes et de tulipes, est une autre bonne occasion de vous exercer avec les touches en virgule et les touches en « S ». Ce projet aux couleurs vibrantes ajoutera une touche originale à votre maison, et vous serez assurés de ne plus jamais perdre vos clés !

1 Si votre porte-clés est muni de crochets, retirez-les avant de poncer légèrement. Appliquer une couche de fond au pinceau plat chargé de jaune ocre et laisser sécher avant d'appliquer une deuxième couche. Tracer le motif de la page 92 et le transférer sur le porte-clés en plaçant le papier à report sous le motif et en le traçant avec un stylet ou un crayon bien affûté.

2 Pour peindre les grandes feuilles, charger le pinceau rond n° 5 d'avocat, pointé de vert pâle Hauser®. Faire des touches en « S » allongées pour peindre les feuilles. Puis, avec la même technique et le même pinceau, peindre les trois feuilles plus grandes sous le chrysanthème avec l'avocat pointé de jaune de cadmium.

Vous aurez besoin de :

jaune ocre

avocat

vert pâle Hauser®

jaune de cadmium

bordeaux

ombre brûlée

blanc titane

orange de cadmium

rouge canneberge

rouge profond

saphir

Porte-clés en MDF ou en bois
Bloc à poncer
Peintures acryliques, DecoArt Americana® par exemple, telles qu'illustrées
Pinceau plat de 2,5 cm (1 po)
Papier calque
Papier à report au graphite
Stylet ou crayon bien affûté
Pinceau rond n° 5
Grand pinceau à filet
Pinceau rond n° 4
Vernis soluble à l'eau

peinture sur bois / projet 5   37

5
PROJET

3 Appliquer une couche de fond bordeaux sur la fleur centrale du chrysanthème en faisant des touches en virgule. Passer une deuxième couche sur le centre de la fleur, en ajoutant une pointe d'ombre brûlée au bordeaux pour un effet de profondeur.

4 Charger le pinceau n° 5 de bordeaux pointé de blanc titane, et peindre les pétales de la fleur en faisant des touches en virgule. Ajouter quelques petites touches de pollen au centre de la fleur avec le même mélange et le même pinceau, puis adoucir.

5 Appliquer une première couche aux tulipes avec l'orange de cadmium et un pinceau rond n° 5, en faisant des touches en « S » allongées. Puis peindre les pétales avec le rouge canneberge pointé de rouge profond. Dans un premier temps, peindre les deux pétales extérieurs, puis le pétale central. Ajouter une touche en virgule sur chaque pétale extérieur, avec le même pinceau chargé d'orange de cadmium pointé de blanc titane.

6 Avec la peinture avocat légèrement diluée et un grand pinceau à filet, peindre les tiges des grandes fleurs secondaires de chaque côté du motif. Charger le pinceau rond n° 4 de saphir pointé de blanc titane, et ajouter les petits bourgeons en faisant des petites touches en virgule. Travailler les tiges du haut vers le bas. Avec le même pinceau et le même mélange, ajouter les petites fleurs en périphérie du chrysanthème en faisant des petites touches. Ajouter un pois au centre de la fleur avec du jaune de cadmium et un stylet.

7 Charger le pinceau rond n° 4 d'avocat pointé de blanc titane et ajouter quelques groupes de trois touches en virgule. Diluer à l'eau un peu de peinture avocat jusqu'à ce que le mélange ait la consistance de l'encre, et ajouter quelques vrilles avec le pinceau à filet. Laisser sécher 24 heures avant d'appliquer deux couches de vernis soluble à l'eau.

peinture sur bois / projet 5　　39

# Projet 6

Arrosoir à la tulipe

Ann Myers

Les objets utilitaires n'ont pas besoin d'être ternes et peuvent être décorés pour s'harmoniser avec votre demeure. Ce grand arrosoir pour les plantes d'intérieur a maintenant une allure tout à fait différente. Le vert sauge s'apparente à la couleur de vos plantes et se prête bien à la plupart des schèmes chromatiques. Le motif simple de la tulipe vous permettra de vous familiariser avec les touches élémentaires.

Vous aurez besoin de :

vert turquoise
turquoise du désert
bleu primaire
vieil or

Arrosoir en métal, environ 23 cm (9 po) de hauteur
Chiffon doux
Vinaigre
Peinture sans préparation pour le métal, vert sauge
Grand pinceau plat
Papier calque
Papier à report à la craie
Stylet ou crayon
Peintures acryliques, DecoArt Americana®, par exemple, telles qu'illustrées
Pinceau rond n° 5
Pinceau à filet
Pinceau rond n° 2
Scellant de finition à l'acrylique en vaporisateur (au choix)

1 Nettoyer l'arrosoir en métal avec un chiffon humide imbibé d'une solution composée à parts égales de vinaigre et d'eau pour enlever du métal toute trace de gras.

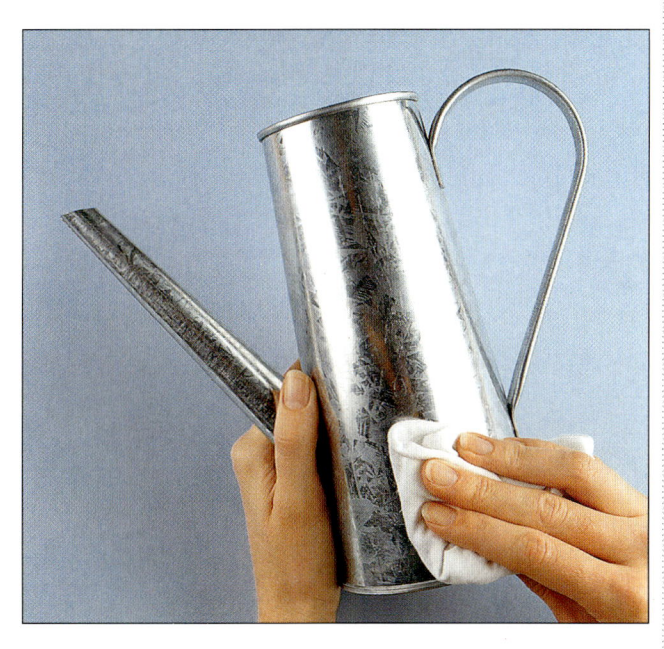

2 Appliquer une couche de fond sur le corps de l'arrosoir avec un grand pinceau plat trempé dans la peinture vert sauge pour le métal. Vous pouvez peindre le bec et la poignée, ou les laisser tels quels, au choix. Laisser sécher environ une heure, puis appliquer une deuxième couche.

peinture sur bois / projet 6

PROJET 6

3 Lorsque la peinture est sèche, tracer le motif de tulipe de la page 94 et le transférer sur l'arrosoir en plaçant le papier à report sous le motif et en le traçant avec un stylet ou un crayon bien affûté.

4 Peindre les pétales au bas de la corolle de la tulipe avec la peinture acrylique vert turquoise et un pinceau rond n° 5, en faisant des touches en virgule, puis peindre la tige. Peindre la feuille du bas, à la droite de la tige, avec le même pinceau chargé de vert turquoise, en faisant des touches en virgule. Peindre la feuille au-dessus, en ajoutant un peu de turquoise du désert. Continuer en travaillant vers le haut, une feuille à la fois, et en ajoutant un peu de turquoise du désert au pinceau à chaque feuille pour donner un effet de tons dégradés.

5 Ajouter les deux pétales latéraux de la corolle de la tulipe avec le pinceau rond n° 5 chargé de turquoise du désert, en faisant une touche en virgule pour chaque pétale. Peindre les pétales à la gauche de la tige de la même manière, en commençant avec le bleu primaire et en y ajoutant un peu de turquoise du désert au fur et à mesure que vous progressez vers le haut de la tige.

6 Remplir le pétale central de la tulipe avec trois touches en virgule, et avec le pinceau n° 5 chargé de bleu primaire. Ajouter les vrilles frisées autour des feuilles et de la tige avec un pinceau à filet et un mélange dilué de vieil or. Compléter le motif avec quelques petites touches en virgule sur le pétale central, avec le pinceau rond n° 2 trempé dans le vieil or. Laisser sécher.

variante
Un pot à fleurs en métal galvanisé peut être peint de la même manière que l'arrosoir.

astuce de l'artiste
Bien que la peinture sans préparation pour le métal n'exige pas de scellant, une mince couche en protégera le motif.

peinture sur bois / projet 6

Galerie
d'articles pour le jardin

Mangeoire-papillons et nichoir à moineaux
Ces deux maisons sont faites de contreplaqué simple. Elles ont été peintes avec de la peinture pour l'extérieur et décorées de motifs exécutés à main levée.

Petit arrosoir
Cet arrosoir métallique a été peint avec de la peinture sans préparation pour le métal, puis orné d'un motif floral simple peint avec des touches en virgule.

Cache-pot
Une couche de fond de peinture bleu foncé lui confère un aspect céleste. Les nuages et la verdure ont été appliqués à l'éponge et tapotés, alors que les mangeoires à moineaux ont été peintes à main levée.

Arrosoir aux digitales
Cet arrosoir ordinaire, peint par Ann Myers, présente un charmant motif de digitales. Les fleurs sont peintes avec des touches en « C ».

Arrosoir aux fuchsias
Vous pouvez adapter et transférer la plupart des motifs sur n'importe quel support – le motif de fuchsias sur cet arrosoir s'apparente à celui présenté aux pages 84-89.

Cache-pot festonné
Ce cache-pot en terre cuite a été peint d'une couche de peinture de couleur crème, puis décoré d'inséparables et d'une bordure de touches en virgule lilas et turquoise.

Projet 7 — Lampe aux roses

Stephanie Weightman

Les motifs floraux sont toujours populaires et ces grandes roses en tons dégradés illumineront la chambre à coucher. Faites plusieurs essais avec les roses avant de commencer – vous obtiendrez rapidement des résultats magnifiques !

Vous aurez besoin de :

blanc osier

rouge baie

rose indien

vert ronceraie

vert chasseur

vert basilic

or des Incas

Socle de lampe, environ 30 cm (12 po) de hauteur

Peintures acryliques, FolkArt® par exemple, telles qu'illustrées

Pinceau plat de 2 cm (¾ in)

Feuille d'acétate transparent

Pinceau plat n° 12

Scellant à l'acrylique en vaporisateur

1 Appliquer une couche de fond avec le pinceau plat chargé de blanc osier sur toute la surface du socle de la lampe. Laisser sécher.

2 Photocopier ou tracer les formes de pétales de la page 93. Placer la feuille d'acétate sur les formes et utilisez-la comme feuille d'exercices avant de commencer à peindre la lampe. Vous pouvez peindre directement sur l'acétate – il suffit de l'essuyer puis de recommencer. Double-charger le pinceau de 2 cm (¾ po) de blanc et de rouge baie ou de rose indien. Mélanger les couleurs sur le pinceau et faire quelques essais : pour peindre les grands pétales, commencer par placer la tranche biseautée du pinceau sur le côté gauche du pétale, puis exercer une pression sur le pinceau tout en l'agitant pour le mettre en éventail jusqu'à ce que le pétale soit formé, et terminer sur le côté droit de la tranche biseautée. Créer le centre de la rose en faisant deux touches en « C », la deuxième étant inversée. Les pétales latéraux sont exécutés avec des touches en virgule.

peinture sur bois / projet 7

PROJET

3 Peindre les roses çà et là sur le socle de la lampe, avec le blanc osier et l'une des couleurs choisies pour chaque rose. Varier les couleurs d'une rose à l'autre. Essuyer l'excédent de peinture de votre pinceau lorsque vous changez de couleur, mais ne pas le laver entre les couleurs, car la peinture résiduelle servira à créer une harmonie entre les fleurs.

4 Faire quelques exercices avec les feuilles des roses sur l'acétate. Double-charger le pinceau plat de 2 cm (3/4 po) de vert ronceraie et de blanc osier. Commencer avec la tranche biseautée, et avec le blanc au centre de la feuille, agiter pour mettre le pinceau en éventail, puis terminer sur sa pointe arrondie. Répéter l'opération sur l'autre côté pour compléter la feuille. Ne pas oublier de laisser de la place pour les feuilles de taille moyenne et plus petites.

astuce de l'artiste

Une feuille d'acétate vous sera fort utile pour faire des exercices, parfaire vos aptitudes et vous donner confiance. L'acétate peut être essuyé avec un chiffon humide et réutilisé.

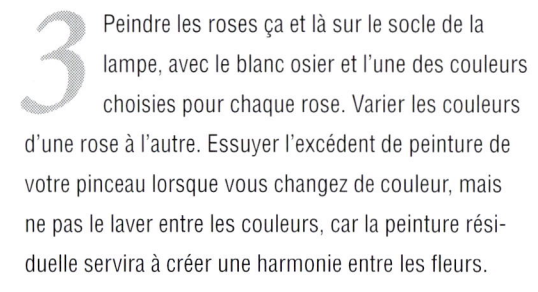

5 Ajouter les feuilles de taille moyenne au hasard avec une seule touche d'un pinceau plat n° 12 chargé d'un mélange de vert chasseur et de blanc osier pour les unes, et d'un mélange de vert basilic et de blanc osier pour d'autres. Ne pas oublier de laisser de la place pour les petites feuilles dorées.

6 Avec le pinceau plat n° 12 chargé d'or des Incas, remplir les espaces vierges avec des feuilles plus petites à une seule touche. Laisser sécher.

variante

Décorez un abat-jour blanc ordinaire du même motif que le socle. Vous pouvez utiliser la même peinture et les mêmes couleurs en minimisant le motif – par exemple, une simple bordure qui fait écho aux éléments du motif principal tout en n'étant pas trop imposante.

7 Protéger la surface du socle de la lampe en vaporisant une couche de scellant à l'acrylique.

peinture sur bois / projet 7

projet 8
Écritoire de table en « cuir » antique

Cette technique, qui fait appel au papier de soie pour imiter l'aspect du cuir, est amusante et facile à exécuter, et vous pouvez créer des articles élégants, tel que cette écritoire de table, à peu de frais. Pour un style plus classique, ajoutez un motif doré au pochoir.

Vous aurez besoin de :

noir de fumée
bourgogne foncé

Écritoire en MDF
Tournevis
Bloc à poncer
Peintures acryliques, DecoArt Americana® par exemple, telles qu'illustrées
Grand pinceau plat
Papier de soie noir
Colle APV
Chiffons doux sans charpie
Médium retardateur
Scellant de finition à l'acrylique en vaporisateur

Au choix :
Pochoir autocollant
Stylo métallique doré

1 Retirer les vis et le couvercle de l'écritoire, et poncer toutes les surfaces avec un bloc jusqu'à ce qu'elles soient lisses.

2 Appliquer une couche de fond sur l'écritoire et son couvercle, avec le grand pinceau plat chargé de noir de fumée. Travailler sur une section à la fois, et laisser sécher complètement avant d'appliquer une deuxième couche. Laisser sécher de nouveau.

peinture sur bois / projet 8

PROJET 8

3 Déchirer le papier de soie noir en petits morceaux, en conservant leurs bords irréguliers. Les chiffonner dans votre main, puis les remettre à plat pour qu'ils soient froissés. En préparer suffisamment pour couvrir le couvercle de l'écritoire.

4 Avec le pinceau plat, appliquer une couche de colle APV sur le dessus du couvercle seulement.

5 Avec un chiffon doux sans charpie, presser le papier de soie sur la surface encollée. L'aligner sur les arêtes droites des côtés et de l'avant du couvercle, et chevaucher les morceaux de papier de soie sur le bord supérieur du couvercle. Couvrir toute la surface du couvercle, puis laisser sécher.

6 Avec le grand pinceau plat, appliquer une couche de peinture acrylique bourgogne foncé augmentée d'un peu de médium retardateur sur le couvercle recouvert de papier de soie, et laisser sécher. Pour un aspect plus vieilli, frotter le bourgogne foncé avec un chiffon propre et humide pour laisser transparaître un peu de noir. Laisser sécher.

7 Peindre le reste de l'écritoire avec la peinture bourgogne foncé. Faire des traits légers et zébrés pour qu'un peu de la surface noire soit visible.

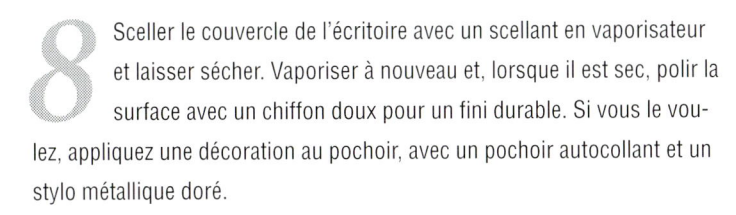

8 Sceller le couvercle de l'écritoire avec un scellant en vaporisateur et laisser sécher. Vaporiser à nouveau et, lorsque il est sec, polir la surface avec un chiffon doux pour un fini durable. Si vous le voulez, appliquez une décoration au pochoir, avec un pochoir autocollant et un stylo métallique doré.

variante

Avec la même technique, créez un porte-crayons élégant pour accompagner votre écritoire.

peinture sur bois / projet 8

projet 9
Plateau décoré de chèvrefeuille et de bourgeons

Cynthia Horsfield

Existe-t-il une meilleure façon d'illuminer vos réveils qu'une tasse de thé servie sur ce magnifique plateau ? Ce joli motif délicat de chèvrefeuille et de bourgeons peut se prêter à la décoration de toute une gamme d'objets pour la maison.

1 Poncer le plateau, si nécessaire, puis appliquer une couche de scellant multi usage. Appliquer une couche de fond avec la peinture coquille d'œuf et laisser sécher. Avec du ruban à masquer, délimiter les zones devant être passées à l'éponge – isoler quatre triangles aux coins en plaçant le ruban à masquer du centre d'une arête au centre de l'autre. Charger l'éponge de mauve antique, puis tapoter rapidement et uniformément. Laisser sécher, puis tapoter avec une éponge chargée de vert céleri.

2 Tracer le motif de chèvrefeuille et de bourgeons de la page 93. Transférer le motif sur le plateau en plaçant un papier à report sous le motif et en le traçant avec un stylet ou un crayon bien affûté.

Vous aurez besoin de :

coquille d'oeuf
mauve antique
vert céleri
vanille française
jaune de cadmium
bourgogne foncé
avocat
lait de chaux
vieil or
or métallisé glorieux

Plateau en MDF, 33 x 43 cm (13 x 17 po)
Papier d'émeri
Scellant multi usage
Peintures acryliques, DecoArt Americana® par exemple, telles qu'illustrées
Grand pinceau plat
Ruban à masquer
Éponge de mer
Papier calque
Papier à report au graphite
Stylet ou crayon bien affûté
Pinceau rond n° 5
Pinceau à filet
Pinceau plat n° 6
Pinceau à pointillé
Bâtonnet à cocktail
Vernis transparent

peinture sur bois / projet 9

9
P R O J E T

3 Pour commencer, peindre les fleurs du chèvrefeuille avec le pinceau rond n° 5 chargé de vanille française et pointé de jaune de cadmium. Peindre les cinq grands pétales avec des touches en virgule. Charger le pinceau de vanille française pointé de bourgogne foncé et peindre les trois autres pétales plus petits.

4 Avec le pinceau à filet trempé dans l'avocat, peindre les tiges du chèvrefeuille. Charger le pinceau rond d'avocat, puis le charger latéralement de jaune de cadmium et peindre les feuilles du chèvrefeuille, en deux touches, du bas de la tige vers sa pointe.

5 Peindre le motif des bourgeons en commençant par les feuilles. Double-charger le pinceau plat n° 6 d'avocat et de vanille française et peindre les petites feuilles en faisant des touches en « S ». Peindre les grandes feuilles avec deux touches. Commencer au bas de la tige en allant vers sa pointe.

6 Peindre les pétales des bourgeons avec le pinceau plat. Double-charger et mélanger le lait de chaux et le bourgogne foncé, puis compléter les fleurs et les bourgeons avec une touche en pivot. Avec la technique du pointillé, remplir les centres d'un mélange de vieil or, de jaune de cadmium et de lait de chaux. Compléter les fleurs en ajoutant quelques pois de jaune de cadmium et de lait de chaux avec un bâton à cocktail. Terminer les bourgeons et les tiges au pinceau à filet trempé dans l'avocat.

7 Compléter le motif en ajoutant des pois au stylet ou au crayon bien affûté et de la peinture or métallisé glorieux sur le pourtour de la surface passée à l'éponge. Laisser sécher et appliquer deux couches de vernis.

L'ajout de pois dorés métallisés sur le pourtour de la zone passée à l'éponge la met en valeur.

peinture sur bois / projet 9   57

10 PROJET
Commode campagnarde

Cette petite commode à plusieurs tiroirs est formidable pour y ranger votre bric-à-brac d'une manière qui est fonctionnelle tout en étant décorative. C'est un projet que les enfants peuvent entreprendre sous supervision, et le résultat les encouragera certainement à avoir de l'ordre ! Si vous manquez d'espace, la commode peut être fixée au mur.

1 Préparer la surface de la commode en la ponçant avec un papier d'émeri monté sur un bloc. Retirer toute la poussière avec un chiffon sans charpie.

2 Placer la commode sur du papier pour protéger votre plan de travail, puis la vaporiser d'un scellant transparent à l'acrylique. Laisser sécher.

Vous aurez besoin de :

vert forêt

bleu campagne

ombre brûlée

vert irlandais

vert moyen Hauser

jaune clair

blanc titane

Petite commode en contreplaqué, environ 28 x 28 x 20 cm (11 x 11 x 8 po)

Bloc à poncer

Chiffon doux sans charpie

Scellant transparent à l'acrylique en vaporisateur

Peintures acryliques, DecoArt Americana par exemple, telles qu'illustrées

Grand pinceau plat

Crayon-craie

Papier calque

Papier à report au graphite

Stylet ou crayon bien affûté

Pinceau à pointillé

Stylet

Pinceau à filet

Scellant à l'acrylique en vaporisateur

Formes d'animaux 3-D ou poignées décoratives

Colle APV ou autre colle artisanale de bonne qualité

Bâtonnet à cocktail

peinture sur bois / projet 10

3 Peindre l'armature de la commode avec le grand pinceau plat chargé de vert forêt. Appliquer une couche lisse et uniforme, et laisser sécher. Poncer la surface légèrement et essuyer à nouveau avec le chiffon. Appliquer une deuxième couche de vert forêt et laisser sécher.

4 Vaporiser l'armature de la commode avec un scellant de finition transparent à l'acrylique pour lui donner une allure finie et une couche de protection supplémentaire.

5 Au crayon-craie, dessiner l'ébauche des motifs à main levée sur les six tiroirs. Sinon, tracer le motif des gabarits de la page 94 et transférer le motif avec un papier à report au graphite.

6 Avec la technique du pointillé et un mouvement de tapotage, peindre le ciel et l'étang en bleu campagne. Laisser sécher.

7 Remplir les autres zones avec les couleurs de votre choix, en observant bien le motif. Laisser sécher.

peinture sur bois / projet 10

PROJET 10

8 Ajouter les fleurs en appliquant au stylet ou au crayon bien affûté des petits pois de jaune clair et de blanc titane. Laisser sécher, puis ajouter quelques brins d'herbe avec un pinceau à filet.

Ces formes d'animaux en 3-D sont disponibles chez les bons marchands de matériel d'artisanat. Si vous avez l'âme d'un ébéniste, essayez de les fabriquer vous-même.

9 Lorsque les tiroirs sont tout à fait secs, vaporiser une couche de scellant pour bien en protéger le fini. Fixer les animaux en 3-D ou les poignées décoratives, au choix, avec une colle à bois de bonne qualité et un bâtonnet à cocktail.

variante
Toutes sortes d'objets simples en bois peuvent être peints de la même manière, comme ce pot à crayons par exemple.

astuces de l'artiste
Pour obtenir des pois d'une taille uniforme, rechargez le stylet de peinture acrylique à chaque pois. Pour des pois de taille décroissante, ne rechargez qu'au fur et à mesure.

Toujours vaporiser les produits aux solvants à l'extérieur de la maison ou dans une pièce bien ventilée.

Un bâtonnet à cocktail est un bon outil pour appliquer des petites quantités d'adhésif.

peinture sur bois / projet 10   63

11 PROJET
Table marbrée à l'italienne
Stephanie Weightman

Depuis la nuit des temps, la peinture au faux marbre est un substitut populaire au marbre véritable, et elle se prête à des applications sur toute une gamme de supports. C'est bien sûr un choix plus économique, beaucoup plus léger et beaucoup plus amusant à faire !

1 Enduire le dessus de la table d'une couche de scellant et laisser sécher. Appliquer une couche de fond sur toute la surface avec le pinceau plat chargé de peinture couleur réglisse. Laisser sécher, puis poncer le dessus de la table si nécessaire. Polir légèrement avec un papier brun pour lisser la surface. Appliquer une couche de peinture couleur réglisse sur les pattes et le pied de la table, et les mettre de côté.

2 Bien mélanger les couleurs. Placer quelques minces filets de peinture vert forêt sur votre palette, en formant des cercles et des diagonales. Répéter cette étape avec le vert irlandais, en faisant moins de cercles et de diagonales. Ajouter ensuite des petites quantités de sauge italienne. Pour terminer, ajouter quelques gouttes de retardateur sur la palette, au-dessus des couleurs qui s'y trouvent. C'est là une étape essentielle, puisque le retardateur augmente le temps de séchage de la peinture et vous donne suffisamment de temps pour créer votre faux fini. Incliner la palette d'un côté et de l'autre pour faire bouger les couleurs, sans toutefois les mélanger.

Vous aurez besoin de :

réglisse
vert forêt
vert irlandais
sauge italienne
blanc osier

Petite table d'appoint
Scellant
Peintures acryliques, FolkArt® par exemple, telles qu'illustrées
Pinceau plat de 2 cm (¾ po)
Bloc à poncer
Papier brun
Palette ou assiette cartonnée
Retardateur
Éponge de mer
Grande brosse en poils de blaireau naturels
Traînard à poils longs
Vernis lustré

peinture sur bois / projet 11   65

PROJET 11

3 Charger l'éponge de mer avec la peinture en la déposant doucement sur la palette. Ne pas exercer de pression. Presser l'éponge légèrement sur le dessus de la table, soulever, et lui imprimer une rotation, puis passer à une autre zone et répéter cette étape. Recharger l'éponge au besoin. Continuer jusqu'à ce que le dessus de la table et son rebord soit couvert, en chevauchant les passages de l'éponge au fur et à mesure. Laisser transparaître un peu de la couleur de base et prendre soin de ne pas trop éponger.

4 Adoucir l'effet en passant des coups de grande brosse en poils de blaireau naturels sur toute la surface, pendant que la peinture est encore humide. Laisser sécher au moins deux heures.

5 Sur une palette propre, ajouter quelques gouttes de retardateur à une petite quantité de peinture blanc osier. Ne pas mélanger. Passer un traînard à poils longs dans ce mélange et commencer à former les veines sur votre dessus de table. Tenir le pinceau par l'extrémité de son manche pour faire un mouvement légèrement frémissant, traîner et tirer la veine sur toute la surface. Les veines doivent être irrégulières et unidirectionnelles, sans être parallèles, pour avoir un aspect naturel. N'en mettez pas trop ! Adoucir l'effet des veines avec quelques passages de la grande brosse en poils de blaireau naturels. Laisser sécher 24 heures.

astuces de l'artiste

Il faut toujours poncer les objets faits de panneaux de fibres à densité moyenne (MDF) à l'extérieur de la maison ou dans une pièce bien ventilée, et porter un masque respiratoire pour vous protéger.

Le papier d'emballage brun ou des sacs en papier brun sont un excellent substitut au papier d'émeri à grain fin, et donnent un fini remarquablement lisse.

6 Poncer légèrement si nécessaire, et polir avec un sac en papier brun. Retirer toute trace de poussière. Assembler le dessus de table et les pieds, et terminer par l'application d'une couche de vernis lustré. Pour un fini plus durable, appliquer aux moins deux couches, en laissant bien sécher entre les applications.

peinture sur bois / projet 11   67

Galerie
d'objets pour les chambres d'enfants

Tabouret au nounours
Ce tabouret au siège en forme de coeur, réalisé par Walnut Hollow, a été peint d'un motif d'ourson, exécuté avec la technique du tapotage. C'est un cadeau idéal !

Cheval berçant
Un charmant cheval berçant miniature orné d'un motif floral stylisé créé par Priscilla Hauser, avec des peintures acrylique FolkArt®.

Chaise miniature
Cette chaise de poupée rustique, trouvée dans une brocante, a été poncée puis simplement repeinte pour en faire un objet charmant pour une chambre d'enfant.

Berceau
Un motif de dentelle, composé de lignes et de points, peut être très décoratif. Ici, la dentelle du berceau de poupée a été peinte en blanc sur un fond bleu campagne.

Projet 12

Napperon et sous-verre aux pensées

Beth Blinston

Les pensées sont des petites fleurs charmantes bien adaptées aux climats tempérés. Il en existe plusieurs variétés aux formes, aux couleurs et aux marques différentes. Ces pensées colorées illumineront votre table à l'année longue, et le fond noir leur confère une élégance toute simple.

Vous aurez besoin de :

bleu nuit foncé
vert foncé Hauser
vert moyen Hauser
vert noir
vert pâle Hauser
pin de plantation
babeurre clair
pourpre dioxazine
ultra bleu foncé
jaune de cadmium
calendule
violet brumeux
rouge rookwood
vanille française
noir prune
lavande pensée
rouge canneberge
noir doux
noir de fumée (pas illustré)

Napperon ovale et sous-verre
Peintures acryliques, DecoArt Americana® par exemple, telles qu'illustrées
Pinceau plat de 2,5 cm (1 po)
Papier calque
Papier à report à la craie
Stylet ou crayon bien affûté
Pinceau angulaire à ombrager de 1 cm (3/8 po)
Petit pinceau en langue de chat
Petit pinceau à filet 10/0
Vernis transparent

1 Mélanger trois parts de bleu nuit foncé avec une part de noir de fumée. Appliquer deux couches de fond avec le pinceau plat chargé de ce mélange sur le napperon et le sous-verre. Tracer le motif de pensée de la page 94 et le transférer sur le napperon en plaçant le papier à report sous le motif et en le traçant avec un stylet ou un crayon bien affûté.

peinture sur bois / projet 12

PROJET 12

2. Peindre les feuilles identifiées par un D avec le pinceau angulaire à ombrager de 1 cm (3/8 po) chargé de vert foncé Hauser®, et les autres feuilles avec le vert moyen Hauser®. Avec le même pinceau, ombrager les feuilles peintes en vert moyen avec un peu de vert foncé Hauser®, là où elles se joignent aux pétales ou aux autres feuilles. Ombrager les feuilles vert foncé avec un peu de vert noir.

3. Mettre en valeur les feuilles peintes en vert moyen avec un peu de vert pâle Hauser®, en faisant des touches allongées en « C » pour en souligner les contours. Répéter sur les feuilles peintes en vert foncé avec le vert moyen Hauser®.

4 Avec le pinceau en langue de chat chargé d'un lavis de pin de plantation, peindre une forme adjacente à la touche entre les nervures sur toutes les feuilles. Au besoin, ombrager un peu plus. Pour peindre les nervures, charger le pinceau à filet de vert pâle Hauser® et le charger latéralement de vert foncé Hauser®.

5 Peindre les quatre pétales noirs de la pensée n° 2 (voir le gabarit) avec le pinceau angulaire à ombrager de 1 cm (3/8 po) chargé de babeurre clair. Les pensées ont cinq pétales qui sont peints en séquence, en commençant par les pétales noirs. Peindre le pétale n° 1, en le faisant chevaucher légèrement sur le pétale n° 2. Peindre les pétales n° 3 et 4 en les chevauchant légèrement sur les bords inférieurs des pétales n° 1 et 2. Le pétale n° 5 chevauche les bords inférieurs des pétales n° 3 et 4.

6 Charger le même pinceau d'un mélange à parts égales de pourpre dioxazine et d'ultra bleu foncé. Placer le talon du pinceau au centre de la fleur au point de convergence des pétales, et agiter l'avant du pinceau en suivant un arc sur le bord supérieur. Placer votre pinceau à angle de sorte que les soies soient légèrement recourbées sur le support. Faire un mouvement de léger zigzag curviligne pour créer un bord dentelé.

7 Avec le même pinceau chargé de jaune de cadmium, ajouter quelques touches lumineuses en dentelle sur les bords du pétale n° 2.

peinture sur bois / projet 12

8 Peindre les pétales n° 3 et 4. Charger le pinceau de calendule sur son bord le plus long (le pied) et de pourpre sur son talon. Placer le talon du pinceau au centre de la fleur, là où les pétales convergent, et agiter le pied du pinceau dans un arc autour du bord extérieur. Placer le pinceau à angle de sorte que ses soies plient un peu sur le support. Faire un mouvement en zigzag avec le pinceau pour créer un effet de dentelle.

9 Peindre tout le pétale n° 5 avec le pourpre dioxazine. Laisser sécher, puis créer un effet de dentelle avec le violet brumeux.

10 Avec le pinceau à filet, peindre un croissant avec le jaune de cadmium sur le pétale n° 5, juste en dessous du point de convergence de tous les pétales. Faire quelques traits vers le bas sur le pétale n° 5. Ajouter quelques touches de calendule en filet. Peindre un point de vert foncé Hauser® au-dessus du croissant et ajouter quelques lignes de vert foncé Hauser®, de rouge rookwood puis de babeurre clair. Peindre une petite virgule de chaque côté de ce point, puis allonger la queue de la virgule vers le bas et autour du bord supérieur du pétale n° 5. Ajouter quelques lignes de définition aux pétales que vous voulez mettre en valeur. Laisser sécher 24 heures avant de vaporiser deux couches de vernis transparent.

Palette chromatique pour les autres pensées

Lorsque vous avez terminé de peindre toutes les pensées, laissez sécher 24 heures avant de vernir.

Pensée n° 1
Appliquer une couche de vanille française, puis créer un effet de dentelle avec le rouge rookwood sur tous les pétales, laissant vierge le centre du pétale n° 2. Appliquer un lavis de noir prune au pétale n° 1 et frotter un peu de noir prune pour ombrager l'arrière des pétales n° 5, 4, 3 et 2 là où ils se chevauchent. Peindre l'arête des pétales n° 3, 4 et 5 avec le petit pinceau à filet chargé de noir prune. Peindre les bourgeons avec du rouge rookwood et du noir prune.

Bourgeons n° 1, 2 et 3
Peindre avec le rouge rookwood et le noir prune.

Pensée n° 2
Voir les explications étape par étape.

Bourgeon n° 4
Peindre avec le pied du pinceau chargé de calendule et son talon chargé de pourpre dioxazine.

Pensée n° 3
Profiler tous les pétales avec le pourpre royal et illuminer les bords d'un peu de lavande pensée. Frotter une ombre de noir prune sur l'arrière des pétales n° 5, 4, 3 et 2, là où ils se chevauchent. Peindre l'arête des pétales n° 3, 4 et 5 avec un petit pinceau à filet chargé de noir prune.

Pensée n° 4
Profiler tous les pétales avec le babeurre clair. Denteler les bords de tous les pétales de rouge canneberge. Frotter une ombre de noir prune derrière les pétales n° 5, 4, 3 et 2, là où ils se chevauchent. Brosser tous les pétales à partir de leur centre avec le noir doux. Peindre l'arête des pétales n° 3, 4 et 5 avec le petit pinceau à filet chargé de noir prune.

Bourgeon n° 5
Peindre en rouge canneberge et brosser de noir doux.

Pensée n° 5
Profiler tous les pétales d'un mélange de pourpre dioxazine et d'ultra bleu foncé. Illuminer les bords avec une dentelle de violet brumeux.

Bourgeon n° 6
Peindre en violet brumeux avec le pied du pinceau et de pourpre dioxazine sur son talon.

peinture sur bois / projet 12

13 PROJET Murale et table

Stephanie Weightman

L'ajout d'une peinture murale décorative confère à une pièce une allure charmante et personnalisée, laquelle est rehaussée par une table d'appoint qui reprend le même motif. Ce n'est pas difficile à faire et les peintres amateurs pourront aisément créer leurs propres effets. Le travail à main levée est amusant et passionnant – il suffit d'être vaillant !

1 S'assurer que le mur qui va être peint est bien lisse, propre et sec. Mettre la table, ou tout autre meuble que vous allez « encadrer », en position et déterminer l'emplacement du motif. Double-charger un pinceau de 2 cm (3/4 po) de brun foncé et de blanc osier et peindre les vignes avec la tranche biseautée du pinceau. Varier l'épaisseur des vignes – le résultat sera plus réaliste.

Vous aurez besoin de :

brun foncé

blanc osier

vert ronceraie

crème au beurre

bleu des pionniers

pervenche

pacane au beurre

jaune criard

Table d'appoint en bois

Peintures acryliques, FolkArt® par exemple, telles qu'illustrées

Pinceau plat de 2 cm (3/4 po)

Pinceau plat n° 12

Gel à mélanger

Pinceau à filet

peinture sur bois / projet 13

77

13 PROJET

2 Double-charger un pinceau de 2 cm (3/4 po) de vert ronceraie et de crème au beurre, et peindre les grandes feuilles. Commencer avec la tranche biseautée du pinceau, placer la couleur plus claire à l'intérieur de chaque feuille, puis « agiter » le pinceau pour remplir la moitié de la feuille. Répéter cette étape sur l'autre moitié de la feuille. Varier l'orientation des feuilles pour rendre la composition plus intéressante.

3 Avec le même pinceau, peindre les bourgeons des fleurs. Double-charger de bleu des pionniers et de pervenche, et faire des touches en « C ». Avec les mêmes couleurs et le même pinceau, peindre tous les grands pétales en faisant des touches en virgule. Varier la taille et l'orientation des roses.

4 Double-charger le pinceau plat n° 12 de vert ronceraie et de crème au beurre. Ajouter quelques feuilles secondaires avec une seule touche. Ajouter encore d'autres feuilles secondaires, cette fois avec le vert ronceraie et le pacane au beurre. Ensuite, ajouter quelques feuilles ombragées avec un mélange de pacane au beurre et de gel à mélanger. Ces feuilles seront semi transparentes et devraient combler tous les vides du motif.

astuce de l'artiste

Lorsque vous peignez les feuilles, ce n'est pas nécessaire de rincer le pinceau complètement quand vous passez à une autre teinte de vert. Une trace de la couleur précédente harmonisera votre œuvre.

5 Double-charger le pinceau plat n° 12 de pacane au beurre et de blanc osier et ajouter quelques fleurs, en plaçant la couleur plus claire au centre de la fleur. Chaque fleur est composée de cinq pétales formés par des touches en « C », cependant rien ne vous empêche de varier le motif. Peindre les fleurs en petits groupes pour un effet plus réaliste.

6 Ajouter des pois au centre des fleurs avec l'extrémité du manche d'un pinceau à filet chargée de jaune criard. Pour terminer, compléter le motif en ajoutant quelques vrilles enroulées. Utiliser un mélange dilué de vert ronceraie et le pinceau à filet.

variante

Pour décorer un meuble en reprenant le même motif, assurez-vous que la surface soit propre et sèche. Vous y peindrez les éléments de la même manière que pour la murale.

peinture sur bois / projet 13

14 PROJET
Corbeille à papier à la feuille d'or craquelée

Égayez l'allure des objets quotidiens avec un médium à craqueler et de la feuille d'or. Cette corbeille à papier ordinaire revêt une allure classique et c'est un apport élégant n'importe où dans la maison. La feuille d'or peut être utilisée sur un grand nombre d'objets – faites quelques essais avec des coquillages, des pierres, ou autres objets trouvés. Le médium à craqueler est simple à utiliser et amusant – les craquelures apparaîtront sous vos yeux !

Vous aurez besoin de :

or métallisé glorieux
babeurre

Corbeille à papier en MDF, environ 23 cm (9 po) de hauteur
Bloc à poncer
Chiffons doux
Peintures acryliques, DecoArt Americana® par exemple, telles qu'illustrées
Grand pinceau plat
Crayon
Surligneur doré
Médium à craqueler
Pinceau à détailler
Adhésif pour le métal en feuille
Imitation de feuilles d'or
Pinceau doux

1 Poncer les rebords rugueux de la corbeille et passer un chiffon propre sur toute sa surface.

2 Peindre l'intérieur et l'extérieur de la corbeille avec un grand pinceau plat chargé de peinture or métallisé glorieux. Laisser sécher.

peinture sur bois / projet 14   81

14 PROJET

3 Tracer une ligne au crayon autour de la corbeille, 4 cm (1 ½ po) à partir du haut. Avec le surligneur doré, tracer une guirlande de volutes sur cette ligne et sur tout le périmètre de la corbeille. Laisser sécher.

4 Avec le grand pinceau plat chargé de médium à craqueler, peindre toute la corbeille en-dessous de la guirlande. Laisser sécher environ une heure.

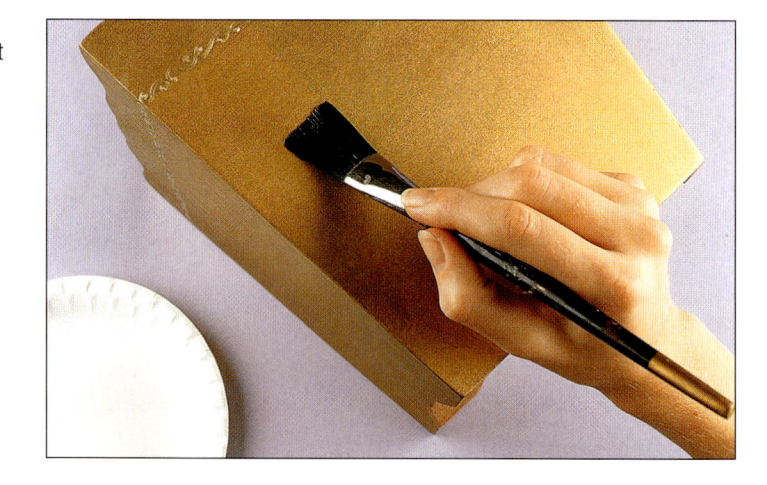

5 Avec le grand pinceau plat, appliquer une couche contrastante de peinture acrylique couleur babeurre sur le médium à craqueler, en travaillant rapidement et en orientant les coups de pinceau vers le bas. L'effet de craquelure se manifestera rapidement, il faut donc travailler une seule section à la fois et appliquer une couche épaisse de peinture pour éviter les striures. Ne pas repeindre les sections, car l'effet de craquelure sera gâché.

variante

Décorez un vieux miroir en pin ou à motifs avec de l'imitation de feuille d'or. Des feuilles argentées ou cuivrées s'y prêtent tout aussi bien.

astuce de l'artiste
Ne vous débarrassez pas des restes de feuille d'or, ils serviront à d'autres projets de moindre envergure.

6 Avec le pinceau à détailler, enduire la guirlande de colle pour le métal en feuille, puis avec un pinceau plat plus grand, enduire de colle la zone au-dessus de la guirlande. Laisser sécher environ 15 minutes.

7 Placer les feuilles d'or sur les zones encollées, en les chevauchant au besoin. Exercer une légère pression avec un chiffon doux et propre. S'assurer que toute la surface est bien recouverte de métal en feuille, puis laisser sécher trois heures.

8 Avec un pinceau doux, propre et sec, faire quelques mouvements légers et circulaires pour enlever tout excédent de feuille d'or. Vous aurez alors une surface dorée et bien lisse.

variante
Cette technique peut être appliquée à une foule d'objets quotidiens. Cette horloge simple ira parfaitement bien sur le manteau de la cheminée.

peinture sur bois / projet 14

Projet 15
Paravent aux fuchsias
Cathryn Wood

Ce paravent articulé est parfait pour camoufler un décor indésirable ou pour cloisonner une pièce. C'est un objet attrayant en soi, et une manière formidable d'ajouter une note de couleur temporaire et mobile. Un bon projet si vous hésitez à peindre une murale.

Vous aurez besoin de :

blanc osier
pacane au beurre
vert basilic
vert forêt
rouge baie
or des Incas
réglisse

Papier d'émeri
Pinceau ordinaire de 4 cm (1 1/2 po)
Peintures acryliques, FolkArt® par exemple, telles qu'illustrées
Médium à glacis
Pinceau plat de 2 cm (3/4 po)
Pellicule en plastique pour les aliments
Pinceau plat n° 12
Médium réfléchissant doré
Pinceau à filet
Scellant à l'acrylique en vaporisateur

1 Préparer le paravent et le poncer si nécessaire. Appliquer une couche de fond de peinture acrylique blanc osier avec un pinceau ordinaire. Laisser sécher. Faire un mélange à glacis avec du médium à glacis et de la peinture acrylique pacane au beurre, six parts de glacis pour quatre parts de peinture. Appliquer une légère couche de ce mélange sur le paravent avec le pinceau de 2 cm (3/4 po) en prenant soin de laisser transparaître la couleur de fond. Placer une pellicule en plastique pour les aliments sur le glacis encore humide, et la déplacer doucement avec la paume des mains. Retirer la pellicule et répéter cette étape sur toute la surface jusqu'à obtenir un effet texturé agréable à l'œil.

peinture sur bois / projet 15

15 PROJET

2 Double-charger le pinceau plat n° 12 de vert basilic et de vert forêt et peindre les vignes avec la tranche biseautée du pinceau. Entrecroiser les vignes pour un aspect plus naturel.

3 Double-charger un pinceau n° 12 de rouge baie et de blanc osier. En plaçant le blanc vers l'intérieur, « agiter » le pinceau pour former les pétales latéraux des fuchsias. Viser à obtenir une forme de crinoline. Avec la tranche biseautée du pinceau, ajouter trois étamines, puis peindre le troisième pétale central.

4 Avec les mêmes couleurs, peindre la gousse des graines au-dessus de chaque fleur en plaçant le pinceau sur sa tranche biseautée, le blanc étant du côté de la fleur. Pivoter le blanc vers le rouge baie pour créer une forme de goutte. Ajouter trois pétales effilés à une seule touche, en se servant surtout du blanc. Ajouter quelques bourgeons à une seule touche avec les mêmes couleurs.

5 Avec la tranche biseautée d'un pinceau n° 12 double-chargé de vert basilic et de vert forêt, tracer les pédoncules. Ajouter un calice à chaque fleur avec une touche pivotée. Continuer avec les grandes feuilles en « agitant » et ajouter quelques feuilles à une seule touche avec les mêmes couleurs. Compléter avec encore quelques feuilles peintes avec le médium réfléchissant doré pour marquer les feuilles ombragées qui s'estompent vers l'arrière-plan.

6 Pour peindre le colibri, double-charger un pinceau n° 12 de vert forêt et de blanc osier, et le faire pivoter pour former la partie supérieure de la tête, tout en gardant le vert à l'extérieur. Continuer avec la partie supérieure du corps, qui est formée comme une grande feuille à une seule touche.

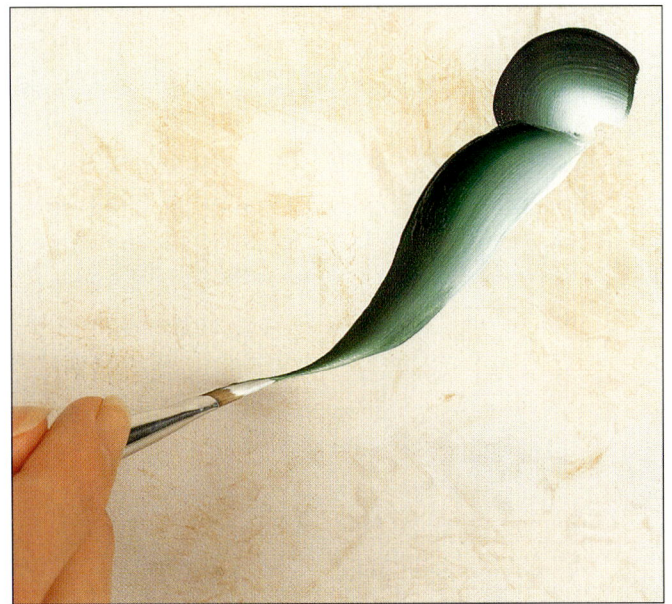

peinture sur bois / projet 15

15 PROJET

7 Double-charger le même pinceau de rouge baie et de blanc osier. Peindre la partie inférieure du corps et de la tête de la même manière, en gardant le blanc vers l'intérieur.

8 Ajouter l'aile noire avec un pinceau double-chargé de vert forêt et de blanc osier, en faisant une seule touche comme pour une feuille, et une prédominance de vert. Ajouter ensuite l'aile avant de la même manière. Avec la tranche biseautée du même pinceau, et quelques petites touches allongées en virgule, ajouter les plumes de l'aile et de la queue, dans les mêmes couleurs et avec une prédominance de blanc.

9 Peindre l'œil avec le pinceau à filet et la couleur réglisse. Peindre quelques lignes au-dessus et en-dessous de l'œil, puis laisser sécher. Avec le pinceau à filet, ajouter quelques touches lumineuses de blanc à l'œil. Compléter avec quelques vrilles sur le feuillage avec un pinceau à filet chargé de vert forêt dilué à la consistance de l'encre. Laisser sécher avant de vaporiser de scellant à l'acrylique.

peinture sur bois / projet 15 89

Gabarits

Pour vous servir des gabarits comme nous les avons utilisés dans les projets, il vous faudra les agrandir dans les proportions recommandées. C'est très facile à faire au photocopieur. Si vous voulez peindre ces motifs sur d'autres objets, il suffit de les réduire ou de les agrandir en respectant les proportions.

Plateau aux bourgeons de roses
(page 32)
agrandir à 103 %

Chaise aux marguerites
(page 22)
agrandir à 110 %

Miroir fleuri aux petits fruits
(page 18)
agrandir à 100 %

Meuble-étagère aux
lierres pour la cuisine
(page 26)

agrandir à 117 %

Porte-clés
(page 36)

agrandir à 110 %

Lampe aux roses
(page 46)
agrandir à 165 %

Plateau décoré de chèvre-feuille et de bourgeons
(page 54)

Prolonger les traits suivant les flèches pour accommoder le format du plateau.

93

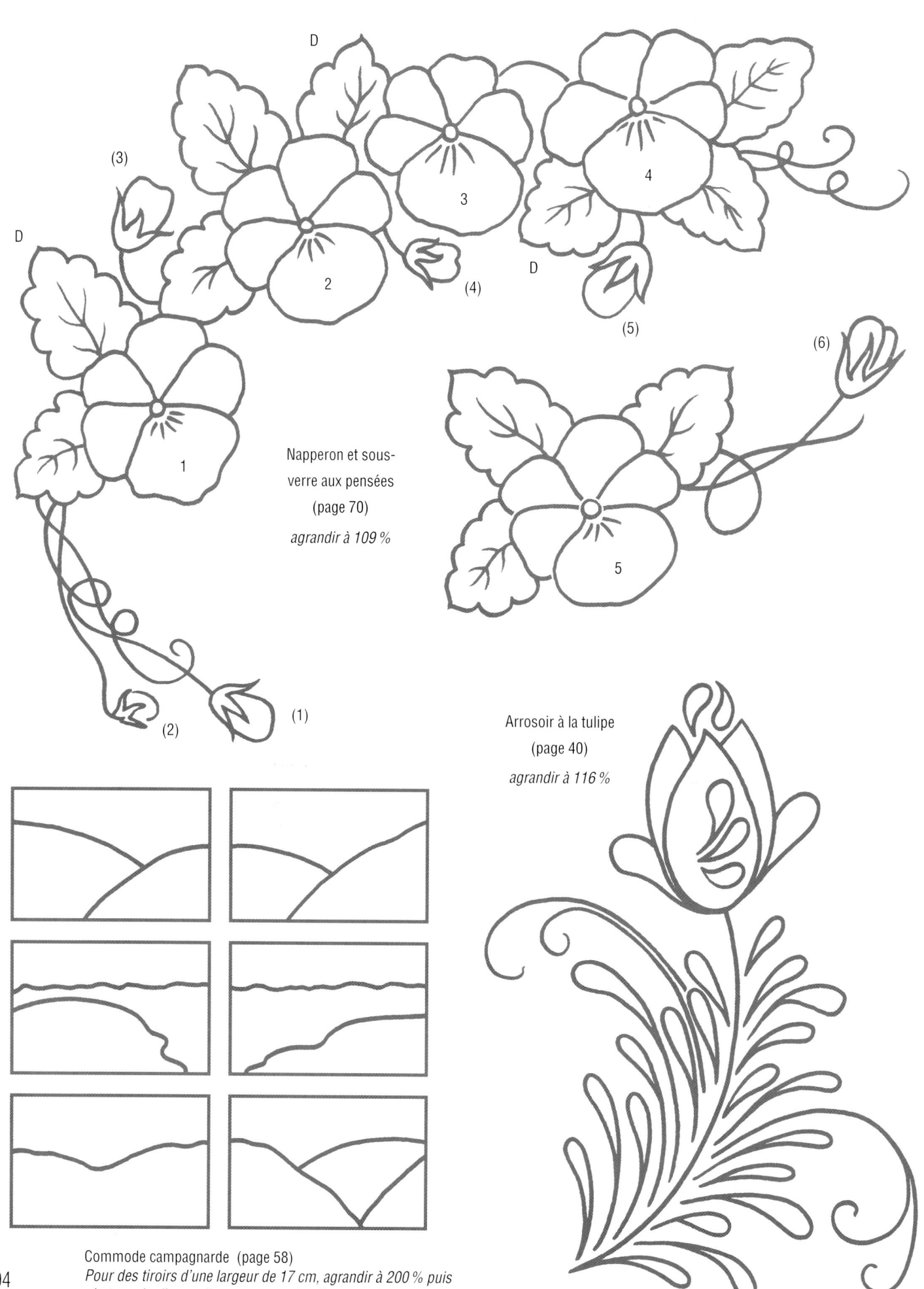

Napperon et sous-
verre aux pensées
(page 70)
agrandir à 109 %

Arrosoir à la tulipe
(page 40)
agrandir à 116 %

Commode campagnarde (page 58)
*Pour des tiroirs d'une largeur de 17 cm, agrandir à 200 % puis
photocopier l'agrandissement une deuxième fois à 200 %.*

Index

abat-jour, 49
acétate en feuille, 47, 48
antique, effet, 29
arrosoir à la tulipe, 40-43

bâtonnet à cocktail, 13
Blinson, Beth, projet de, 70-75

chaise aux marguerites, 22-25
    gabarit, 91
charger, 15
colle, application, 13, 52, 63
commode campagnarde, 58-63
    gabarit, 94
corbeille à papier à la feuille d'or craquelée, 80-83
couche de fond, application, 14
couleurs, mélanger, 14
couteau à palette, 13
cuir, effet de, 52-53

dentelles, 16
dorure en crème, application, 29
dos de brosse à cheveux, 21
double-charger, 14, 15

écritoire de table en « cuir » antique, 50-53
éponge, 13
éponge, technique, 17, 55

faux-marbre, 65-67
feuille d'or, 81
    application, 83
feuilles, technique, 15
fournitures, 12-13

galerie de fruits, 30
galerie d'objets pour le jardin, 44
galerie d'objets pour les enfants, 68
glacis, 85

Haley, Paula, projet de, 36-39
horloge à la feuille d'or craquelée, 83
Horsfielld, Cynthia, projet de, 54-57

lampe aux roses, 46-49
    gabarit, 93
lavis à la chaux, effet de, 27

masques, 13, 55
médium à craqueler, 81
    application, 82
médiums pour la peinture, 12
métal, préparation, 14, 41
meuble-étagère aux lierres pour la cuisine, 26-29
    gabarit, 92
MDF, préparation, 13, 14, 51, 55, 67, 81
miroir encadré, 18-21, 82
miroir fleuri aux petits fruits, 18-21
    gabarit, 91
murale et table, 76-79
Myers, Ann, projet de, 40-43

napperon et sous-verre aux pensées, 70-75
    gabarit, 94

palette, 12
papier à report, 17, 19
papier brun, pour lisser, 14, 65, 67
papier d'émeri, 13, 14 ; *voir aussi* poncer
papier de soie, effet de « cuir », 52-53
paravent aux fuchsias, 84-89
peinture acrylique, 12
peinture, techniques, 17
pellicule en plastique, effet de texture, 85
pétales, techniques, 15
pinceaux, entretien, 11
    à filet, technique, 10-11, 16
    charger, 14 ; *voir aussi* double-charger
    éponge, 11
    plat, technique, 10, 14, 15
    rond, technique, 10, 15
    types de, 10-11
plastique, préparation, 23
plateau au chèvrefeuille et aux bourgeons, 54-57
    gabarit, 94
plateau aux bourgeons de roses, 32-35
    gabarit, 90

pointillé, technique, 17
pois, 13, 17, 62, 63
poncer, 13, 14, 51, 59, 67, 81 ;
    voir aussi préparation du support
    voir aussi support, préparation
porte-clés, 36-39
    gabarit, 92
porte-crayons, 53, 63
pot à fleurs, 43
préparation, *voir* support, préparation

retardateur, utilisation, 65, 67

sceller, 12, 19
sources d'inspiration, 17
sous-verre et napperon aux pensées, 70-75
stylet, technique, 17, 62, 63
support, préparation, 13, 14
    contreplaqué, 59
    MDF, 13, 14, 51, 55, 67, 81
    métal, 14, 41
    plastique, 23
    vitre, 14
surligneur doré, 82
Sykes, Carol, projet de, 32-35

table marbrée à l'italienne, 26-29
table marbrée à l'italienne, 64-67
tiges de coton ouaté, 13
tiges, technique, 16
touche en « C », 15
touche en « S », 15
touche en virgule, 15, 16
touche unique, technique, 33-35
tracer, 13, 17

vernis, 12, 67
vieillissement, technique de, 27, 33
vitre, préparation, 14

Weightman, Stephanie, projets de, 46,-49, 64-67, 76-79
Wood, Cathryn, projet de, 84-89